中公新書 2276

田中康二著

本居宣長

文学と思想の巨人

中央公論新社刊

はじめに

本書は、江戸時代の国学者・本居宣長《もとおりのりなが》（享保《きょうほう》十五年〜享和《きょうわ》元年、一七三〇年〜一八〇一年）の生涯をたどりながら、その学問研究を文学と思想の両面からとらえて、宣長の全体像を描くものである。

ひとくちに全体像と言っても、いろいろとアプローチがあるだろう。伝記や年譜といった時系列による生涯の叙述から、テーマを絞りこんで一点にスポットライトを当てるものまで、種々さまざまな手法が想定される。伝記や年譜は、事実に即してその人の人生をパノラマのように見渡すことができるが、その反面で記述が平板になりがちである。一方、単一のテーマでまとめたものは、その人の内面の深いところまで分け入ることができ、一点突破全面展開的な爽快感はあるが、当てる光が強いほど描き出せない陰が多くなる。一長一短でどちらとも決めがたい。そこで本書では、この二つの方法のよいところを折衷して、宣長の全貌を描き出すことを目指した。

具体的には各年代に応じてテーマを設定し、それに関わる学説や著作を紹介するという方法である。それでは、各年代に都合よくテーマ設定などできるのか。そもそも、人の人生を要約することなど本当にできるのか。そこで雛形《ひながた》としたのは『論語《ろんご》』にある孔子《こうし》の言葉である（「為政」第二第四）。

子曰、吾十有五而志于学、三十而立、四十而不惑、五十而知天命、六十而耳順、七十而従心所欲不踰矩。
――子曰《しのたまは》く、吾《われ》十有五にして学に志す。三十にして立つ。四十にして惑はず。五十にして天命を知る。六十にして耳順《したが》ふ。七十にして心の欲する所に従ひて矩《のり》を踰《こ》えず。

『論語』にあるこの言説は、人生訓として受け取られることもあるが、自らの生涯を振り返り、自戒をもって語ったもっとも短い自叙伝と言ってよかろう。宣長も老年に至って自伝的なものをいくつか記している。享年がほぼ同じ宣長と孔子には共通点も少なくない。多くの優秀な門弟を育てたことや、ほとんど仕官せずに在野で研究・啓蒙活動にいそしんだことなどである。しかし、共通点があるからといって、宣長を孔子に見立てることが許されるのか。周知のように宣長は儒教や仏教を目の敵《かたき》にし、日本古来の「真心」を乱す悪の根源として排斥した。そのような儒教の始祖とされる人物と比較するのは、はなはだ迷惑ではないかと考える向きもあるかもしれない。しかしながら、興味深いことに儒教を毛嫌いした宣長は、孔子に対しては特別な敬意を払っていたのである。それは次のような歌を詠《よ》んでいることからもわかる。

釈迦《さか》孔子《くじ》も神にしあればその道も広けき神の道の枝道　（一七八六年）
聖人と人はいへども聖人のたぐひならめや孔子《くじ》はよき人　（一八〇〇年）

一首目は、仏教を始めた釈迦《しゃか》や儒教を大成した孔子も、後世の人に尊信されるのであるから「神」に違いなく、そういった意味では仏教や儒教もまた「神の道」の一つであるの意。古道論を詠んだ『玉鉾《たまぼこ》百首』の中の一首である。二首目は、孔子のことを「聖人」というけれども、世にいう「聖人」と同列ではない、孔子はすばらしい人であるの意。門弟の鈴木《すずき》朖《あきら》に贈った歌である。宣長は儒仏を徹底的に批判したけれども、釈迦や孔子に対しては尊ぶ思いを持っていたのである。なお、鈴木朖が「先生の風は頗《すこぶ》る仲尼《ちゅうじ》に似たり」と言ったことに対して、宣長は喜んだという逸話も伝わっている。

そういった意味で、宣長の生涯を孔子の人生になぞらえて考えるのは、あながち見当はずれとはいえないのである。そこで、宣長の生涯における各年代にテーマを割り当てて、次のように設定することにした。

二十歳代＝学問の出発（第二章）
三十歳代＝人生の転機（第三章）
四十歳代＝自省の歳月（第四章）
五十歳代＝論争の季節（第五章）
六十歳代＝学問の完成（第六章）
七十歳代＝鈴屋の行方（第七章）

この順番は章立てと対応している。学問に目覚める二十歳代を経て、人生の転換期を迎える三十歳代、自らと向き合う四十歳代、論敵との議論に明け暮れる五十歳代、多くの書物を公刊する六十歳代、死に支度を始める七十歳代という見取り図である。ここに宣長学の概説として「国学の脚本」（第一章）を置いて、全体の導入とした。

宣長が宝暦《ほうれき》元年（一七五一）に学問を志し、翌年に京都へ留学し、それから死去する享和元年（一八〇一）までの五十年は、近世文化がもっとも成熟した十八世紀後半にあたる。この五十年間を十年ごとのスパンで区切ると、宣長にとってそれぞれ二十歳代から七十歳代までに相当する。そこで、宣長が人生の各時期において、何を考え、どのような活動をしたかという観点から、それぞれの時期に如上《じょじょう》のテーマを設定し、そのテーマごとに宣長の事跡と著作とを関連づけながら叙述していくこととした。

目次

はじめに　i

第一章　国学の脚本……………3

一、宣長の古道学　3

「物まなび」　「道の学び」　「大和魂」とは何か　対概念としての「漢意」

二、宣長の歌学　17

「歌の学び」　万葉集と古道学　万葉集と歌学　後世風歌と歌学　古風後世風詠み分け主義　国学の先達

第二章　学問の出発……31

一、契沖学との出会いと古典研究　31

堀景山への入門　『百人一首改観抄』を読む　契沖敬仰　古今伝授の伝統　宣長の古今伝授批判　国学の始祖としての契沖

二、二条派地下歌人への入門と詠歌　50

詠歌独修の日々　森河章尹への入門　有賀長川への入門　二条派歌学と頓阿　頓阿の「正風体」　二条派歌人としての出発

第三章　人生の転機……65

一、賀茂真淵と松坂の一夜　65

『冠辞考』の衝撃　松坂の一夜　真淵による通信添削　古事記研究の出発　「天地」はアメツチと訓む　「初発」はハジメと訓む　古風歌を

詠む　真淵と宣長のずれ　春庭誕生
二、「物のあはれを知る」説の提唱　85
「物のあはれ」とは何か　「物のあはれ」と恋愛　認識論として　共感として　物語論として　歌論として
三、処女出版と真淵の手紙　98
『草庵集玉箒』の出版
第四章　自省の歳月……101
一、宣長の自意識と「日本」　101
『直霊』とは何か　古道論としての「直毘霊」　古代に「道」はなかった　古代にも「道」はあった　唯一の自著講釈
二、自分探しの旅　111
出生の秘密　三十年前の宿願　四十四歳の自画自賛像　門人録の作成

三、「拜外」から「排外」へ　124
外交史としての『馭戎慨言』　自国中心主義　蒙古襲来の叙述　後世の『馭戎慨言』観

第五章　論争の季節……135

一、『葛花』論争　135
論争の効用　「葛花」と「漢籍の毒酒」　医師宣長と「売薬の能書」　批評を乞う姿勢

二、『鉗狂人』論争　145
『衝口発』と『鉗狂人』　「妙理」と不可知論

三、『呵刈葭』論争　150
『呵刈葭』　『字音仮字用格』の「おを所属弁」　秋成との応酬　『漢字

三音考』の「皇国の正音」　古代に「ン」はあったか　「日の神」論争
秋成の常識的相対主義　宣長の古伝説絶対主義　論争の後日談

第六章　学問の完成……171

一、版本というメディア　171
還暦の自画自賛像　宣長の版本観

二、古道学書の出版　181
寛政二年の三書　『玉くしげ』と待望の『古事記伝』出版　百科全書的な随筆『玉勝間』　寛政八年の三書　『天祖都城弁弁』

三、歌書の出版　191
『玉あられ』　『手枕』と『菅笠日記』　『新古今集美濃の家づと』　『古今集遠鏡』と『美濃の家づと折添』　家集『鈴屋集』　『古事記伝』の擱筆　『うひ山ぶみ』の執筆

第七章　鈴屋の行方……………………205
一、宣長の死に支度　205
大平の養子入り　水分神社への参詣　『遺言書』の執筆　墓地の指定
命日の作法
二、春庭の業績――宣長没後の鈴屋（一）　214
国語学的研究を継ぐ春庭　厳密な活用研究『詞八衢』　総合的言語研究
『詞通路』
三、大平の業績――宣長没後の鈴屋（二）　225
塾頭として　『古学要』　村田春海との論争　忠実な宣長学の継承
おわりに　233
参考文献　237

本居宣長

第一章　国学の脚本

一、宣長の古道学

「物まなび」

三十有余年の歳月をかけて『古事記伝』が完成した寛政《かんせい》十年（一七九八）、宣長は初学者への入門書『うひ山ぶみ』を執筆した。『うひ山ぶみ』は文字通り、はじめて学問の山登りをする初心者に向けて、その心得を説いたものである。一般に概論書や入門書というのは広く浅くわかりやすく、というのが信条であろう。それゆえ、その方面の見識がなくても誰でも書けると誤解されることも多いが、概論書や入門書ほど深い学識と経験が必要とされる書物はない。一つの専門を極めてはじめて書けるものなのである。宣長も『古事記伝』という畢生《ひっせい》の大業を終えたからこそ『うひ山ぶみ』を著すことができた。『うひ山ぶみ』は、いわば宣長の集大成なのである。そこには、それまで宣長が積み重ねてきた、さまざまな研究に裏付けられた学問のエッセンスがあふれている。本章では、『うひ山ぶみ』を道しるべとして、宣長学の特徴を一瞥《いちべつ》したい。

まず、『うひ山ぶみ』本文の冒頭には、宣長が設定した学問の範囲が明確に記されている。

> 世に物まなびのすぢ、しな〴〵有《あり》て、一《ト》やうならず。そのしな〴〵をいはば、まづ神代紀をむねとたてて、道をもはらと学ぶ有《リ》。これを神学といひ、其人《そのひと》を神道者といふ。又官職儀式律令などを、むねとして学ぶあり。又もろ〳〵の故実、装束調度などの事を、むねと学ぶあり。これらを有識《いうそく》の学といふ。又上は六国史《りつこくし》其外の古書をはじめ、後世の書共まで、いづれのすぢによるともなくて、まなぶもあり。此《この》すぢの中にも、猶分《なほわけ》ていはば、しな〴〵有べし。又歌の学び有《リ》。それにも、歌をのみよむと、ふるき歌集物語書などを解明《キ》らむるとの二《タ》やうあり。

——世に学問の筋はいろいろあって一つのさまではない。そのいろいろとは何かといえば、まず日本書紀の神代紀を主として道を学ぶものがある。これを神学といい、その人を神道者という。また、官職、儀式、律令などを専ら学ぶものがある。また、もろもろの故実、装束、調度などのことを主に学ぶものがある。これらを有識《ゆうそく》の学という。また、上は六国史《りっこくし》その他の古書をはじめ、後世の書に至るまで、どの筋からともなく学ぶものがある。この筋の中にも、なお分けていえば、いろいろあるだろう。また、歌の学びというのがある。それにも歌だけを詠むのと、古い歌集とか物語の書などを解釈するのと二通りある。

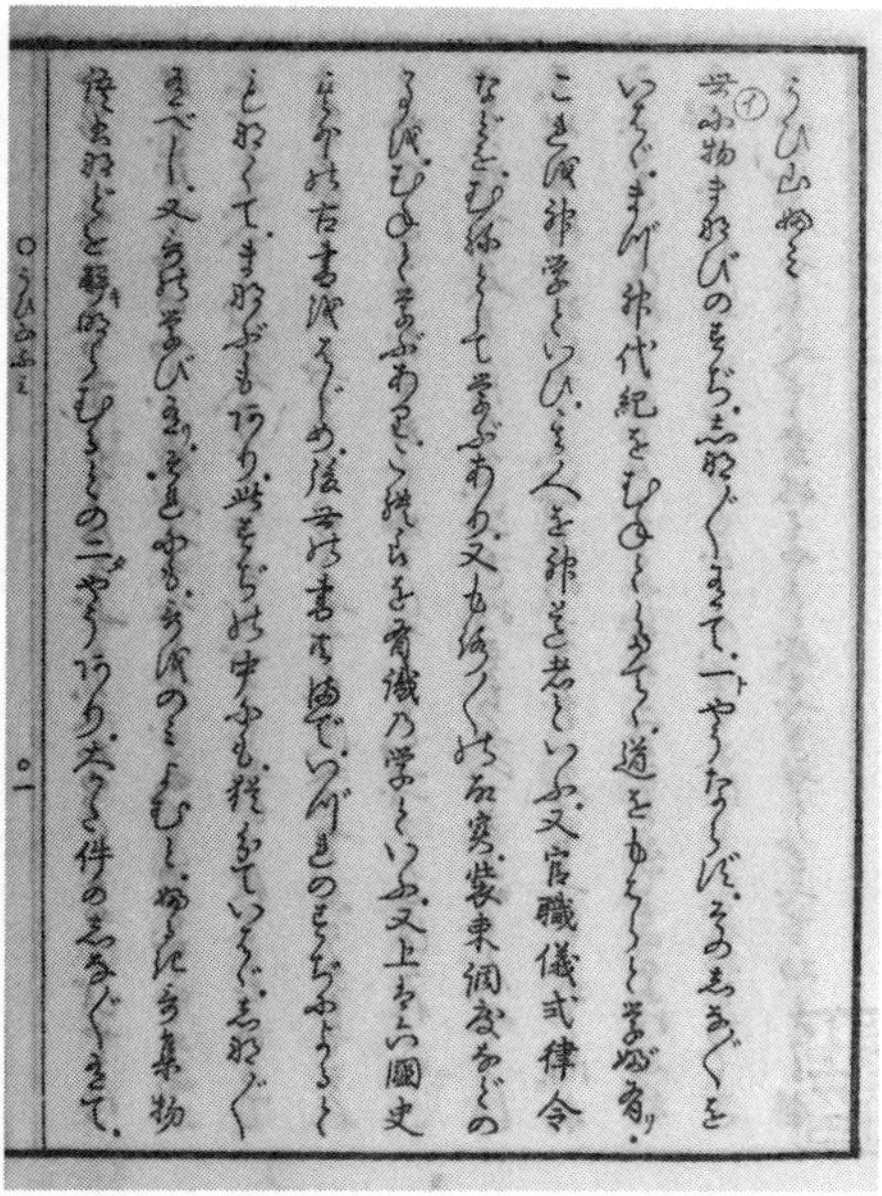
『うひ山ぶみ』版本（本居宣長記念館蔵）

この分類に従って、宣長学を整理し、若干の解説を加えてみたい。まず、ここでいう「物まなび」とは、現代では一般に「国学」と呼んでいる学問体系であるが、宣長はこれを国学と称することを好まない。それにはしかるべき理由があった。そのことを自注において、次のように述べている。

物学《ビ》とは、皇朝の学問をいふ。そも〳〵むかしより、たゞ学問とのみいへば、漢学のことなる故に、その学と分《わか》むために、皇国の事の学をば、和学或《あるひ》は国学などいふならひなれども、そはいたくわろきいひざま也《なり》。みづからの国のことなれば、皇国の学をこそ、たゞ学問とはいひて、漢学をこそ、分て漢学といふべきことなれ。それももし漢学のことゝまじへいひて、まぎるゝところにては、皇朝学などはいひもすべきを、うちまかせてつねに、和学国学などいふは、皇国を外《ヨソ》にしたるいひやう也。もろこし朝鮮於蘭陀《おらんだ》などの異国よりこそ、さやうにもいふべきことなれ、みづから吾《わが》国のことを、然《しか》いふべきよしなし。

――学問といえば、皇朝の学問のことである。そもそも昔から、ただ学問とだけいうと漢学のことになるものだから、その学と区別するために、皇国のことについての学を、和学あるいは国学などという習わしになっているが、これは非常に悪い言葉遣いである。自分の国のことなのだから、皇国の学をこそただ学問といって、漢学をこそ区別して漢学というべきところである。それにしても、もし漢学のことをまぜて説いて、紛らわしく聞こえるようなときには、皇朝学とでもいうのならばともかく、なおざりにいつも和学や国学などというのは、皇国を外から見た言い方である。漢国、朝鮮、オランダなどの外国の方からこそ、そのようにもいうだろうが、自分の国のことをそのようにいう謂《い》われはない。

「国学」や「和学」という呼称は、漢学を前提にした用語法であって、まるで外国から見た言い方であるという。自分の国の学問なのだから、ただ単に「学問」でよいではないか。漢学と紛らわしいのであれば、「皇朝学」とでも言えばよい。こうした用語法の中に、宣長は漢学中心の思考を嗅《か》ぎとっているのである。このような学問に対する姿勢にこそ、宣長の思考法が現れている。要するに先入観や常識からの脱却である。宣長はそれまで当然のごとく考えられてきた事柄が、よく考えてみると実は無意識のうちに不合理なものを前提にしていることを見抜き、これを白日の下にさらそうとしたわけである。宣長学のさまざまな新しさは、こういった革新への志に裏付けられたものだったのである。

「道の学び」

さて、宣長は、学問を四つに分類しているが、それは神学・有識学・古書学・歌学である。このうち、特に神学と歌学について検討したい。

まず「神学」とは、日本書紀の神代紀を中核とした「道」の学問であるという。宣長は「道の学び」や「道の学問」とも称しているが、いわゆる古道学である。それでは「道」とは何か。『うひ山ぶみ』本文には、次のように記している。

そも〳〵此《この》道は、天照大御神の道にして、天皇の天下をしろしめす道、四海万国にゆきわたりたる、まことの道なるが、ひとり皇国に伝はれるを、其《その》道は、いかなるさまの道ぞといふに、此道は、古事記書紀の二典《フタミフミ》に記されたる、神代上代の、もろ〳〵の事跡のうへに備はりたり。

——そもそもこの道は天照大御神《あまてらすおおみかみ》の道であって、天皇の天下を統治なさる道、四海万国にあまねく通ずる本当の道であるが、ただ日本にのみ伝わっているものである。それがどういう道かというと、この道こそ古事記、日本書紀の二書に記されたところの、神代上代のいろいろな事跡の上に備わっている。

「道」とは天照大御神や天皇の道で、広くすべての外国にまで通じる道であるというのであるが、日本にだけ伝わっていると主張するところに注目すべきである。他ならぬ日本にだけ伝わっていると自信を持っていえるのは、古事記、日本書紀が日本固有の書物であるということが主な理由である。だから「道」を知るためには記紀二典を読まなければならないということになるのである。

もちろん、「道」を知るためには古事記、日本書紀を読むのが第一であるが、初学者は最初からそれらを読むのは困難であるから、自著の『神代正語《かみよのまさごと》』『直毘霊《なおびのみたま》』『玉鉾百首《たまぼこ》』『玉くしげ』『葛花《くずばな》』などを読むことを奨励している。一通りこれらの書物の解説をしておこう。まず、『神代正語』は古事記上巻（神代巻）を段落分けをして漢字仮名交じりの文に訓読したもので、章段の要約を添えたもの。寛政元年（一七八九）五月に成立し寛政二年二月に刊行された。次に、『直毘霊』は『古事記伝』の総論の一部で、「此篇《このくだり》は、道といふことの論《あげつら》ひなり」（古道論）という副題を持つ。古事記に登場する「直毘神《なおびのかみ》」の霊験を中心に古道論を解説する（『直毘霊』については第四章「自省の歳月」で詳述する）。第三に『玉鉾百首』は、神代の古代精神を詠《よ》んだ百首に歴史上の出来事を詠んだ三十二首を添えた家集で、表現や内容は平易であるが、万葉仮名で表記されている。天明《てんめい》六年（一七八六）頃に成立し天明七年に刊行された。第四として『玉くしげ』は、古道精神を論じたもの。天明七年（一七八七）十二月に紀州藩主に贈呈され、寛政元年（一七八九）に刊行された。最後に『葛花』は、儒者の市川鶴鳴《かくめい》が『直霊（直毘霊）』を批判して執筆した『末賀乃比礼《まがのひれ》』に対して再反論を試みたもので、安永《あんえい》九年（一七八〇）に成立した（『葛花』については第五章「論争の季節」で詳述する）。

「大和魂」とは何か

このように記紀について読むべき書物として、自著を提示する。それでは、そのような書物を読むことによって、何が身に付くのか。『うひ山ぶみ』は次のように続ける。

件《くだん》の書どもを早くよまば、やまとたましひよく堅固《カタ》まりて、漢意《カラゴコロ》におちいらぬ衛《マモリ》にもよかるべき也《なり》。道を学ばんと心ざすともがらは、第一に漢意儒意を、清く濯《スス》ぎ去《さり》て、やまと魂《タマシヒ》をかたくする事を、要とすべし。

——右にあげた本を早く読んでおけば、大和魂の地固めができて、漢意に陥らない守りにもなろうというものである。道を学ぼうと志を立てる人々は、第一に漢意儒意をきれいさっぱり洗い落として、大和魂を堅固にすることを肝要とする。

「道」を学ぶことにより、「大和魂」を固め、「漢意《からごころ》」を洗い落とすことができるという。この大和魂と漢意とは宣長国学のキー・コンセプトであり、宣長の著作を読み解く上で必要不可欠のキー・ワードであった。しばらくこの用語の意味と用法について、宣長の言説に即して考えてみたい。

まず大和魂についてであるが、この用語の初出例は源氏物語・少女《おとめ》巻における光源氏《ひかるげんじ》の台詞《せりふ》である。源氏は夕霧《ゆうぎり》の教育について、皇統の血筋であることを理由に特別待遇を受けることを潔しとせず、学識に裏付けられた実力で勝負することを指南する。そういった教育論の中に、次のような台詞がある。

なほ、才《ざえ》をもとゝしてこそ大和魂の世に用ゐらるゝ方も強う侍《はべ》らめ。

——やはり、学問という基礎を十分に持ってはじめて、気働きが世間に認められる所もしっかりするでしょう。

「才」とはザエと読み、漢学の学識のことで「漢才《からざえ》」ともいう。この漢才を身に付けてはじめて「大和魂」が世間に認められるというのであるから、「大和魂」とは知恵や気働き、あるいは常識的な思慮分別などを意味すると考えるのが順当であろう。大和魂が大切であるが、それを十分に活かすためには学問を身に付けなければならないと言っているのである。この大和魂に対して、近世期のものでは、賀茂真淵《かものまぶち》（一六九七～一七六九）の門弟である村田春《はる》海《み》（一七四六～一八一一）の注釈が正解に近いと言ってよい（『源氏物語新釈』書入）。

春海考に、大和魂とは学問の道はもろこしが本《もと》なれば、日本の人の魂といふ意にて大和といふ詞をそへたるのみ也《なり》。桐壺に大和相とある類也。大和魂とて別に一筋たてたる魂をいふにあらず。

――春海が考えるには、大和魂とは学問の道は唐土《もろこし》が基なので、日本人の魂という意味で「大和」という語を添えただけである。桐壺巻《きりつぼのまき》に「大和相」とあるのと同じ種類である。大和魂という、特別な意味を持つ魂をいうわけではない。

魂と同じ意味で大和魂という用語を把握している。「別に一筋たてたる魂」というのは、当時の誤用を批判する意図が見える。つまり、大和魂という特別な用法が蔓延《まんえん》していたことがわかる。また、宣長の門弟である鈴木朖《あきら》『少女巻抄注《おとめのまきしょうちゅう》』は次のように注釈している。

から学問に対《ムカ》へて、差当《サシアタ》る御用ムキノ世才《セサイ》をかくの給《たま》ふ也《なり》。

ここでは「差当る御用ムキノ世才」（差し当たって世情に通じ、上手に世渡りする能力）と的確に指摘している。ところが、春海の注釈にもあったように、この語は正確に理解されていたわけではなかった。むしろ、誤解と誤用の中で広く用いられていたのである。

たとえば、賀茂真淵は『歌意考《かいこう》』で次のように記している。

もの丶はじめ、わろく入りたちにしこそくるしけれ。万《よろづ》よこしまにもならへば、心となるものにて、もとの大和魂《ダマシヒ》を失へりければ、たま〳〵よき筋《スヂ》のことはきけども、なほく清き千代の古道には、行き立ちがてになむある。

——何事も最初がよくない形で入ってしまうと、後が大変になる。万事につけて横道に逸《そ》れてしまって習い性となるものであって、本来持っていた大和魂を失ってしまうものなので、たまによい筋のことを聞くことはあるけれども、直く清い千代の古道に行くことが難しくなるのだ。

ここには古代と今との対比があり、何事も古代はすばらしく、今は人の心は乱れ、すべては堕落したという考え方で、いわゆる没落史観（下降史観）である。「大和魂」とは古代日本人の持つ美徳であり、まっすぐで清らかな心を意味する。また、「千代の古道」は「嵯峨《さが》の山行幸《みゆき》絶えにし芹川《せりがは》の千代《ちよ》の古道《ふるみち》跡はありけり」（後撰集・雑一・在原行平《ありわらのゆきひら》）などと詠まれた山城国《やましろのくに》の歌枕であるが、ここでは古代の理想的な「道」の意に転用している。つまり、大和魂とは日本古代から続く「道」を指すと考えられる。

対概念としての「漢意」

このように真淵によって読み替えられた「大和魂」を宣長は享受した。その際、「大和魂」の対概念として想定したのが「漢意《からごころ》」であった。先に引用した『うひ山ぶみ』の自注として、次のようなことを記している。

初学《うひまなび》の輩《ともがら》、まづ此《この》漢意を清く除き去《さり》て、やまとたましひを堅固《カタ》くすべきことは、たとへばものゝふの、戦場におもむくに、まづ具足をよくし、身をかためて立出《たちいづ》るがごとし。もし此身の固めをよくせずして、神の御典《ミフミ》をよむときは、甲冑《かっちう》をも着ず、素膚《スハダ》にして戦ひて、たちまち敵のために、手を負ふがごとく、かならずからごゝろに落入《おちいる》べし。

――初学者は、まずこの漢意をきれいに除き去って、大和魂を堅固にすべきことは、たとえば武士が戦場に赴くのに、まず武装を厳しく整えて、身を固めて出陣するようなものである。もし身の固めをよくしないで神典を読む時は、鎧《よろい》かぶともつけずに素肌にて戦い、たちまち敵のために傷つけられるように、かならず漢意に陥るだろう。

宣長は「漢意」と「大和魂」の関係について、戦場に立つ時に武装するという例をもって説明する。すなわち、「大和魂」という鎧かぶとがなければ、「漢意」という敵の手に落ちてしまうというわけである。先に見たように、もともと「大和魂」の対概念は「漢才《からざえ》」であった。それを宣長は「漢意《からごころ》」に読み替えた。この読み替えは宣長国学の根幹をなす屋台骨の入替を意味し、宣長国学に「漢意」排斥という明確な方針を与えた。

たとえば、『玉勝間《たまがつま》』には、学問と「道」そして漢意の関係について、次のように記している（『玉勝間』一の巻「学問して道をしる事」）。

がくもんして道をしらむとならば、まづ漢意《カラゴコロ》をきよくのぞきさるべし。から意の清くのぞこらぬほどは、いかに古書をよみて考へても、古の意はしりがたく、古のこゝろをしらでは、道はしりがたきわざになむ有《あり》ける。

——学問をして「道」を知ろうとするならば、まず漢意をきれいさっぱりと取り去らなくてはならない。この漢意がきれいに除き去られないうちは、どんなに古書を読んでも、また考えても、古代の精神は理解しがたく、古代の精神を理解しなくては、「道」というものは理解しがたいことなのである。

この言説は「道」と学問との関連を述べた箇所で、『うひ山ぶみ』と同様に「漢意」を排斥することが肝要であることを主張している。成立時期の近い『玉勝間』とは言葉遣いも共通するところが多い。

また、「直毘霊」には次のようにある（『古事記伝』巻一「直毘霊」）。

天皇尊《スメラミコト》の大御心を心とせずして、己々《オノオノ》がさかしらごゝろを心とするは、漢意《カラゴコロ》の移《ウツ》れるなり。

日本人が天皇の御心をわが心として行動するのではなく、思い思いの賢ぶった心に従って行動することを「漢意」に取り憑《つ》かれた末路であると宣長は考えた。漢意とは、漢籍の賢《さか》しらによって蝕《むしば》まれ、自己中心的にしか考えられない思考法をも指すようになる。

以上のような、いわゆる古道学書だけでなく、新古今集の注釈書である『新古今集美濃《みの》の家づと』のような歌書においても「漢意」が用いられることがある（二の巻）。

或《ある》抄に、一二の句を、富貴栄花に心をうごかさぬ人あれかしといへるなりといへるは、からごゝろなり。

――『八代集抄』が初句二句を「富貴栄華に心を動かさぬ人はいないものかといっているのだ」と解釈しているのは、漢意である。

これは「さびしさに堪へたる人のまたもあれな庵並べん冬の山里」（新古今集・冬・西行）に対する注釈である。ここでは直接に西行の歌を批判しているわけではなく、この歌を老荘思想に泥《なず》んだ枠組みで解釈しようとする注釈（北村季吟《きぎん》『八代集抄』）を批判しているのである。先行注釈に潜む漢意を暴《あば》き出していると言ってよい。

以上をまとめると、次のようになる。宣長は記紀、とりわけ古事記を聖典として依拠しながら、天照大御神を中核とする古道論を構想し、日本古来の「大和魂」（大和心・真心）の追求と儒仏渡来以後に蔓延する「漢意」の排斥を理念として、古道学を構築した。

二、宣長の歌学

「歌の学び」

さて次に、歌学について『うひ山ぶみ』を通して検討していこう。本章冒頭に引用したように、歌学には「歌をのみよむ」と「ふるき歌集物語書などを解明《キ》らむる」との二つがあるという。この二つを詠歌と研究との二種類と解釈してよいだろうか。「歌をのみよむ」を詠歌や実作と解釈するのであれば、「歌をよむ」で十分ではないか。それでは、「のみ」とは一体何なのか。「のみ」とは宣長によれば、「其物《その》其事ばかりにして、ほかの物ほかの事のまじらざるをいふ詞」(『玉あられ』文の部)である。つまり、「限定」である。ここで「のみ」を用いたのは宣長のこだわりであって、単に歌を詠むということを強調するためではない。

実はこの箇所は、後の注釈部(「後世風の中にも……」)において敷衍《ふえん》して説明している。そこには「歌をよむ事をのみわざとすると、此《この》歌学の方をむねとすると、二やうなる」とパラフレーズしているのである。つまり、歌ばかりを詠んでいるのと歌学を主として行うのと二種類があるという。つまり、「歌をのみよむ」は詠歌・実作だけをすることであり、「ふるき歌集物語書などを解《キ》明らむる」は古い歌集や物語の解釈を主として行うという意味である。後者は古い歌集や物語の解釈だけを行うわけではないのである。それを裏付けるように、宣長はこれを「歌をよむのみにあらず、ふるき集共をはじめて、歌書に見えたる万《よろづ》の事を、解《キ》明らむる学《ビ》」と言い換えている。ここは歌を詠むだけでなく、研究も行うというのが宣長の真意であった。つまり、詠歌専門と、詠歌に加えて文学研究も行うという二種類ということである。

要するに、歌を詠むだけで研究をしないというやり方と、歌を詠むだけでなく研究もするというやり方の二種類という意味である。これを詠歌と研究という分類であると誤読してしまったのである。それは宣長の言説が舌足らずであったからというよりは、歌を詠まない者が歌学をすることなどありえない、という常識がなくなってしまったからであろう。宣長自身も「すべて人は、かならず歌をよむべきものなる内にも、学問をする者は、なほさらよまではかなはぬわざ也」（『うひ山ぶみ』本文）と明確に記している。ところが、自らは歌を詠まずに歌書を研究するというやり方に慣れて、国学者は必ず歌を詠む、自ら歌を詠まない歌書研究などありえない、という当たり前の事実を忘れてしまった。肝心なことは、宣長における和歌は、研究の対象である前に創作するための器であったということである。このことはいくら強調しても強調しすぎることはない。宣長は歌学者である前に、歌人なのだ。

しかしながら、詠歌と歌学は完全に分離することのできる領域ではない。歌を詠むことによって研究内容が豊かになることもあれば、研究する歌の種類によって詠む歌が規制を受けることもある。いずれにしても詠歌と歌学は切っても切れない関係にあるわけだ。そこで『うひ山ぶみ』の叙述に従って、歌学から詠歌へという順で宣長の「歌の学び」を検討していきたい。

万葉集と古道学

宣長は万葉集を「道の学び」（古道学）のためによいと考えた。その理由を「万葉集をよくまなぶべし」の自注の中で、次のように記している。

此書《この》は、歌の集なるに、二典の次に挙《あげ》て、道をしるに甚《ダ》益ありといふは、心得ぬことに、人おもふらめども、わが師《ノ》大人の古学のをしへ、専《ラ》こゝにあり。其《その》説に、古《ヘ》の道をしらんとならば、まづいにしへの歌を学びて、古風の歌をよみ、次に古の文を学びて、古《ヘ》ぶりの文をつくりて、古言をよく知《リ》て、古事記日本紀をよくよむべし。古言をしらでは、古意はしられず、古意をしらでは、古の道は知《リ》がたかるべし、といふこゝろばへを、つねづねいひて、教へられたる、此教へ迂遠《マハリドホ》きやうなれども、然《しか》らず。

——この書は歌集であるのに、記紀二典の次にあげて、道を知るのに甚だ益ありというのは、腑《ふ》に落ちないことだと思う人もあるだろうが、わが師賀茂真淵翁の古学の教えは専らここにある。その説によると、古代の道を知ろうとするならば、まず古代の歌を学んで古風の歌を詠み、次に古代の文を学んで古風の文を作り、古代の言葉をよく知って、記紀二典をよく読まなくてはならない。古代の言葉を知らなくては古代の精神は悟りえず、古代の精神を悟らなくては古代の「道」には至りがたいという趣旨のことを師は常に教えられたが、この教えは遠回りのように見えるけれども、決してそうではない。

宣長は真淵の教えに導かれて、万葉集の研究を始めた（詳しくは第三章「人生の転機」で扱う）。真淵が万葉集を学ぶ理由は古代の道を知るためであり、宣長もその考えを引き継いでいる。すなわち、万葉集を学ぶことにより古代の言葉を知り、古代の言葉を知ることにより古代人の心を知り、古代人の心を知ることにより古代の道を知ることができるというのである。この真淵の主張をさらに発展させて、宣長は言《ことば》、事《わざ》、心《こころ》の一致という考えにたどり着いた。要するに、人のすることや人の思う心のうちは人のいう言葉の中に表れるから、逆に言葉をたどり直すことによって、人のしたことや人の思った心のうちを再現できる、ということである。この思考法は『古事記伝』などにも披露されているところからも、宣長の言語論の中心をなす考え方であると見なすことができよう。それはともあれ、万葉集を地道に読み解くことの積み重ねによって、古代の道に到達することができると考えたのである。

万葉集と歌学

むろん、万葉集は「道の学び」（古道学）だけでなく、「歌の学び」（歌学）にもよいと宣長は考えた。『万葉集玉《たま》の小琴《おごと》』という注釈書を著しているほどである。しかも、それは研究の対象というだけでなく、詠歌の規範とも考えた。「みづからも古風の歌をまなびてよむべし」の自注の中で、そのことを次のように述べている。

すべて万《ヅ》の事、他のうへにて思ふと、みづからの事にて思ふとは、浅深の異なるものにて、他のうへの事は、いかほど深く思ふやうにても、みづからの事ほどふかくはしまぬ物なり。歌もさやうにて、古歌をば、いかほど深く考へても、他のうへの事なれば、なほ深くいたらぬところあるを、みづからよむになりては、我事《ガ》なる故に、心を用ること格別にて、深き意味をしること也《なり》。さればこそ師も、みづから古風の歌をよみ、古ぶりの文をつくれとは、教へられたるなれ。

——総じて何事でも、他人のこととして思うのと、わがこととして思うのとでは、深浅の違いがあるものであって、他に関することはどれほど深く思うようでも、わがことほど深くは身に染まないものである。歌のこともまた同じ。古歌をどれほど深く考えても他のことだから、なお深いところには至らないところがあるが、自分で歌を詠む段になると、ことは我が事であるから、心配りも格別で深い意味を悟ることになる。だからこそ師真淵も、自分で古風の歌を詠み、古風の文を作れと教えられたのだ。

ここには研究の対象と実作との関係が端的に示されている。つまり、研究対象としてだけ見ていてはなかなか身に付かないが、自分自身で実践することによって我が事と認識して身に付くというのである。これは師真淵の教えを受け継いでいるという。すなわち、万葉集の味読を可能にするのは万葉風の歌を詠むということである。この真淵の薫陶を受けて、研究と実作との不可分の関係により、宣長は定期的に古風歌を詠むことになる。

後世風歌と歌学

ところが、宣長の研究対象は万葉集だけではなかった。後世歌もまた研究の対象であった。研究対象であるということは、必然的に詠む歌の規範でもあるということである。だが、万葉集を詠歌の規範とする歌人は、後世風歌を詠むことに対して抵抗があった。そのことを宣長は「後世風をもすてずして」の自注の中で、次のように述べている。

今の世、万葉風をよむ輩《ともがら》は、後世の歌をば、ひたすらあしきやうに、いひ破れども、そは実《まこと》によきあしきを、よくこゝろみ、深く味ひしりて、然《しか》いふにはあらず。たゞ一わたりの理《ことわり》にまかせて、万《ヅ》の事、古《ヘ》はよし、後世はわろしと、定めおきて、おしこめてそらづもりにいふのみ也《なり》。（中略）大かた此《この》古風と後世と、よしあしの論は、いと〳〵大事にて、さらにたやすくはさだめがたき、子細どもあることなるを、古学のともがら、深きわきまへもなく、かろ〳〵しくたやすげに、これをさだめいふは、甚《ダ》みだりなること也。

——今の世で万葉風の歌を詠む者たちは、後世の歌を専ら悪いもののように責めののしるけれども、実はその良いか悪いかを十分に確かめ、深く味わい知った上でそのように言うのではない。ただ通り一遍の理屈を押しつけて、何事も古代は良い、後世は悪いと決め込んで、頭ごなしのあて推量に言うだけのことである。（中略）およそこの古風と後世風と、いずれが良いか悪いかという論はなかなか大切なことであって、そうやすやすとは定めにくいわけがあることなのに、古学者は深く思慮をめぐらすこともなく、軽々しくこともなげに、このことを決めつけてしまうのは、甚だ心得違いのことである。

万葉集を遵奉する国学者が後世風歌を忌み嫌うのは、その内実をわかった上でのことではなく、時代が下るほど物事は劣悪になるといった一般的な法則を単純にあてはめているだけの愚行であると断罪するのである。このような考えに基づいて、宣長は後世風歌を詠み、後世歌を研究した。後世歌の研究の成果として、『草庵集玉箒《そうあんしゅうたまははき》』（明和《めいわ》五年刊）、『新古今集美濃の家づと』（寛政七年刊）、『古今集遠鏡《とおかがみ》』（寛政九年刊）などがある。また、後世風歌の実作も生涯を通して続けた。

古風後世風詠み分け主義

このように万葉集の研究と古風歌の実作、そして後世歌の研究と後世風歌の実作、といった行為は果たして両立するのか。まず、研究に関して言えば、十分に両立させることはできるだろう。時代が異なるとはいえ、同じ和歌ジャンルのことであるから、共通する知識基盤を備えていれば、ある程度は応用が利くからである。だが、詠歌はどうか。古風歌を詠むことと後世風歌を詠むことは両立するのか。また、両立するとすれば、それらをどのように習得すればよいのか。これらの難問に対して宣長は次のような回答を用意した。

さて吾《われ》は、古風後世風ならべよむうちに、古と後とをば、清くこれを分ちて、たがひに混雑なきやうにと、深く心がくる也《なり》。さて又初学《うひまなび》の輩《ともがら》、わがをしへにしたがひて、古風後世風ともによまんとせんに、まづいづれを先《キ》にすべきぞといふに、万の事、本《もと》をまづよくして後に、末に及ぶべきは、勿論のことなれども、又末よりさかのぼりて、本にいたるがよき事もある物にて、よく思ふに、歌も、まづ後世風より入《いり》て、そを大抵得て後に、古風にかゝりてよき子細もあり。

——こうして、みずから古風と後世風とを並べ詠むうちに、この古《いにし》えと後とをきっぱりと区別して、互いに混雑しないようにと深く心がけている。さてまた、初学の人々がわが教えに従って、古風と後世風と双方を詠もうとするとき、まずどちらを先にすべきかといえば、何事もまず本《もと》を固めておいてから末に及ぶのが当然であるが、また末からさかのぼって本に至るのがよいこともあるので、考えてみると、歌もまず後世風から入って、それをたいてい会得した後に古風に取りかかってよいこともある。

宣長自身は古風歌と後世風歌を整然と詠み分けるというのである。また、初学者に対しては、まず後世風歌の詠み方を習得した上で古風歌に移るという段取りを提示する。むろん、主義も方法も理論的には可能であるかもしれない。だが、実際のところ、このように器用に詠み分けることができるのか。それができなければ、たとえ理想を語っても絵に描いた餅である。

宣長は古風と後世風を詠み分けた。たとえば、出版された家集『鈴屋集《すずのや》』に入集された歌の中から、同じ題を詠み分けているものを抽出してみよう。なお、後世風は「近調」とも称している。

雪（古風）

玉くしげ明けむあしたはとく見てむ今宵の雪は五百重《いほへ》降りしけ　（鈴屋集・巻四）

雪（近調）
降るままに木毎《ごと》の花も埋もれて今日は雲かとみねの白雪　　（鈴屋集・巻二）

一首目の古風歌として詠まれた歌は、箱を開けるように明けてゆく朝を早く見てみたい、今宵の雪は幾重にも降り積もってくれ、というものである。この歌は「恋ひつつも今日はあらめど玉くしげ明けなむ明日をいかに暮らさむ」（万葉集・巻十二）と「池の辺の松の末葉《うらは》に降る雪は五百重降りしけ明日さへも見む」（万葉集・巻八）の二首を組み合わせて模したものである。詞章だけでなく言葉の運びにおいても、万葉集に似せていると言ってよかろう。

一方、二首目については、「雪降れば木毎に花ぞ咲きにけるいづれを梅と分きて折らまし」（古今集・冬・紀友則《きのとものり》）を踏まえて白梅が雪に紛れる近景を描きつつ、遠景では嶺《みね》の白雪を雲に擬《なぞら》えるものである。雪を雲に見立てるのは古今集以来の表現であり、近調（後世風）を自称するのも理解できる。このように、「雪」という一字題ではあるが、それをうまく古風と近調に詠み分けていると言ってよい。このような古風後世風詠み分け主義は、和歌に関する豊かな語彙や語法に加えて、詠み分けを実現しようとする強靭《きょうじん》な意志があってはじめて可能となる。宣長にそれができたのは詠歌に対する不動の信念があったからであろう。

国学の先達

ところで、このような国学は宣長が大成したものと言われているが、もちろん宣長にも先達がいる。とりわけ宣長が国学史をどのように認識していたか、ということが『うひ山ぶみ』に記されている。「古学の輩《ともがら》」の自注である。

古学とは、すべて後世の説にかゝはらず、何事も、古書によりて、その本《もと》を考へ、上代の事を、つまびらかに明らむる学問也《なり》。此《この》学問、ちかき世に始まれり。契沖ほふし、歌書に限りてはあれど、此道すぢを開きそめたり。此人をぞ、此まなびのはじめの祖《オヤ》ともいひつべき。次にいさゝかおくれて羽倉《ノ》大人、荷田《ノ》東麻呂《ノ》宿禰と申せしは、歌書のみならず、すべての古書にわたりて、此こゝろばへを立《テ》給《たま》へりき。かくてわが師あがたゐの大人《ノ》、この羽倉大人の教をつぎ給ひ、東国に下り江戸に在《あり》て、さかりに此学を唱へ給へるよりぞ、世にはあまねくひろまりにける。大かた奈良朝《ノ》よりしてあなたの古《へ》の、もろ〳〵の事のさまを、こまかに精《クハ》しく考へしりて、手にもとるばかりになりぬるは、もはら此大人の、此古学のをしへの功にぞ有《あり》ける。

――古学というのは、総じて後世の説にかかわらずに、何事も古書によってその根本を考えて、上代のことを詳しく明らかにする学問である。この学問は近世にはじまったものである。契沖《けいちゅう》法師は歌書に限ってではあるけれども、この道筋を開き始めた。この人こそ、この学問の始祖ともいうべきである。次に少しおくれて羽倉大人《はくらのうし》、荷田春満《かだのあずままろ》と申された人は、歌書ばかりでなく、すべての古書にわたって、この心意気を立てられた。かくて、わが師真淵翁《まぶちおう》は、この羽倉大人の教えを継がれて東国に下り、江戸にあって、盛んにこの学問を唱えられてから、世にあまねく広まるようになった。おおよそ奈良朝よりさかのぼった古代の、もろもろの事の次第を、細かに深く考え知って、手にも取るばかりになったのは、専らこの翁の、この古学の教えの功である。

まず、宣長は「古学」(国学)を明確に定義するところから始めている。すなわち、後世の学説を排除し、古文献に従ってその根本を考えるということである。単に古代の研究をするのではない。証拠となる根拠を古文献に求めるという方法である。これは国学にとってもっとも重要な理念であり、絶対に譲れない方針でもあった。その点で契沖(一六四〇～一七〇一)を国学の始祖と考えるのは正しい。なぜならば、契沖は国学の方法を明確に表明した最初の学者だからである。詳細は第二章「学問の出発」で論及するが、契沖は中世以来の秘伝の秘説を排除し、古典研究に客観的実証的手法を導入したのである。宣長が最初に出会った国学者が契沖であった。

その次に荷田春満を取り上げ、歌学書だけでなく、古道学書にも明るかったことに言及する。ただし、春満の最大の功績は賀茂真淵という門弟を育てたことと考えているようである。というのも、春満に関する記述は実にあっさりしているからである。実際のところ、宣長は春満の著した書物はほとんど読んでいなかった。というよりも、春満の書物で刊行されたものはなく、写本もあまり流通していなかったのである。宣長が春満を知ったのは真淵を通してであったと考えられる。

そして最後に国学の先達として、真淵を紹介する。真淵が江戸に出て国学を講ずるようになってから、国学が世に広まることになったという。宣長は真淵と運命的な出会いを果たし、真淵に入門してからは、師匠からの影響によって国学を樹立するのである。なお、真淵との出会いの詳細については、第三章で言及する。

『うひ山ぶみ』は宣長学のシナリオとでも称すべきものである。『うひ山ぶみ』はまた国学の青写真でもあった。その舞台の主演はもちろん本居宣長であり、さまざまな役者が脇を固めている。黒子もいれば、裏方もいる。そこには日本近世の十八世紀に起きた形而上学の事件の詳細が記されている。

第二章　学問の出発

一、契沖学との出会いと古典研究

堀景山への入門

人は自らの一歩を決める。だが、その一歩は本人の意に反して、思いも寄らぬ道に踏み出すこともある。自分では選択しているつもりでも、大いなる力によってあらかじめ決められていることもある。大局的に見れば選択肢はそれほど多くない。宣長が京都に留学したのは医者になるためのものだったが、それはまた国学者歌人として生きる道を選択する一歩でもあった。

十一歳の年に父を亡くし、生活の基盤を失った宣長は、母の意向で医師になることを目指して京都に留学した。二十三歳の時のことである。当時の医師は漢方医であったため、漢学を兼学することが必要とされた。そこで就《つ》いた漢学の師が堀景山《ほりけいざん》（一六八八〜一七五七）である。景山は広島藩の儒官で、曽祖父が藤原惺窩《せいか》門という由緒正しい漢学の家の出身であった。漢学の師として申し分のない学者である。宣長は医学を修めるべく上京した宝暦二年（一七五二）三月に景山に入門した。景山はすでに六十五歳の老齢であった。ほどなく景山の家に住み込みで漢学を修めた。その後、本格的に医学を学び始めてからも景山のもとに通い続けるのである。漢詩文の学修のかたわら、時には花見、そして時には芝居見物と、宣長は漢学の師との交友を深め、思う存分在京生活を謳歌《おうか》した。

ところが、景山にはほかの儒者にはあまり見られない特徴があった。それは日本古典文学にやたらと詳しいことである。王朝物語や和歌など、およそ日本古典文学とされるものに精通していた。宣長の日記によれば、平家物語にも造詣が深かったという。むろん、文学作品だけでなく、その研究にも深い見識を持っていた。とりわけ契沖《けいちゅう》学に親炙《しんしゃ》した。景山は契沖のことを「歌学を極めし宏覧《こうらん》逸材の人」（『不尽言《ふじんげん》』）と評して讃えた。そして多くの契沖の注釈書を読んだ。つまり、契沖の古典学を通じて日本古典文学に親しんでいたのである。また、日本古典文学の研究者と親交が深かった。景山は樋口宗武《ひぐちむねたけ》（一六七四〜一七五四）という和学者と昵懇《じっこん》であった。契沖学の親炙と樋口宗武との昵懇とは、実は根を同じくする。宗武は契沖門の今井似閑《じかん》の門弟だったからである。

契沖像（円珠庵蔵）

樋口宗武の第一の功績は契沖著『百人一首改観抄《かいかんしょう》』を出版したことであろう。そもそも契沖の著作はその生前において、『和字正濫鈔《わじしょうらんしょう》』以外は出版されなかった。このことは近世前期においては、それほど不思議なことではない。むしろ高度な内容を有する国文学の研究書が出版されることの方が珍しいのである。

出版しても売れないからだ。いつの時代も骨太の研究書は売れない。そういった中で『百人一首改観抄』が刊行された。この書籍の上梓《じょうし》に尽力したのが景山だったのである。

つまり、宣長が景山に入門したのは、第一義的には医学を修得するための漢学修養のためであったが、それと同時に国学に関する深い知識を身に付ける絶好の機会となったのである。願う力の強い者は幸運を引き寄せるというが、宣長は漢学を学ぶ場で国学に出会った。はたして宣長が景山を引き寄せたのか、それとも景山が宣長を引き寄せたのか。いずれにせよ、磁力が働いたかのように、宣長は景山に入門したのである。

『百人一首改観抄』を読む

そうして宣長は景山のお蔭《かげ》で契沖の著作に出会うことができた。宣長は後にそのことを回想して次のように記している（『玉勝間』二の巻「おのが物まなびの有しやう」）。

さて京に在《あり》しほどに、百人一首の改観抄を、人にかりて見て、はじめて契沖といひし人の説をしり、そのよにすぐれたるほどをもしりて、此人《この》のあらはしたる物、余材抄、勢語臆断などをはじめ、其外《そのほか》もつぎ〳〵に、もとめ出《いで》て見けるほどに、すべて歌まなびのすぢの、よきあしきけぢめをも、やう〳〵にわきまへさとりつ。

――さて京都留学中に、『百人一首改観抄』を人に借りて読んで、はじめて契沖という人の説を知り、その実にすぐれていることを知って、この人の著した書物、『古今余材抄《こきんよざいしょう》』や『勢語臆断《せいごおくだん》』などをはじめとして、その他も契沖の書物を次々に探して読んでいるうちに、総じて歌学の良い悪いの区別も次第に了解することができた。

『百人一首改観抄』を見て契沖説がとてもすばらしいことを知り、次々と契沖の著作を入手

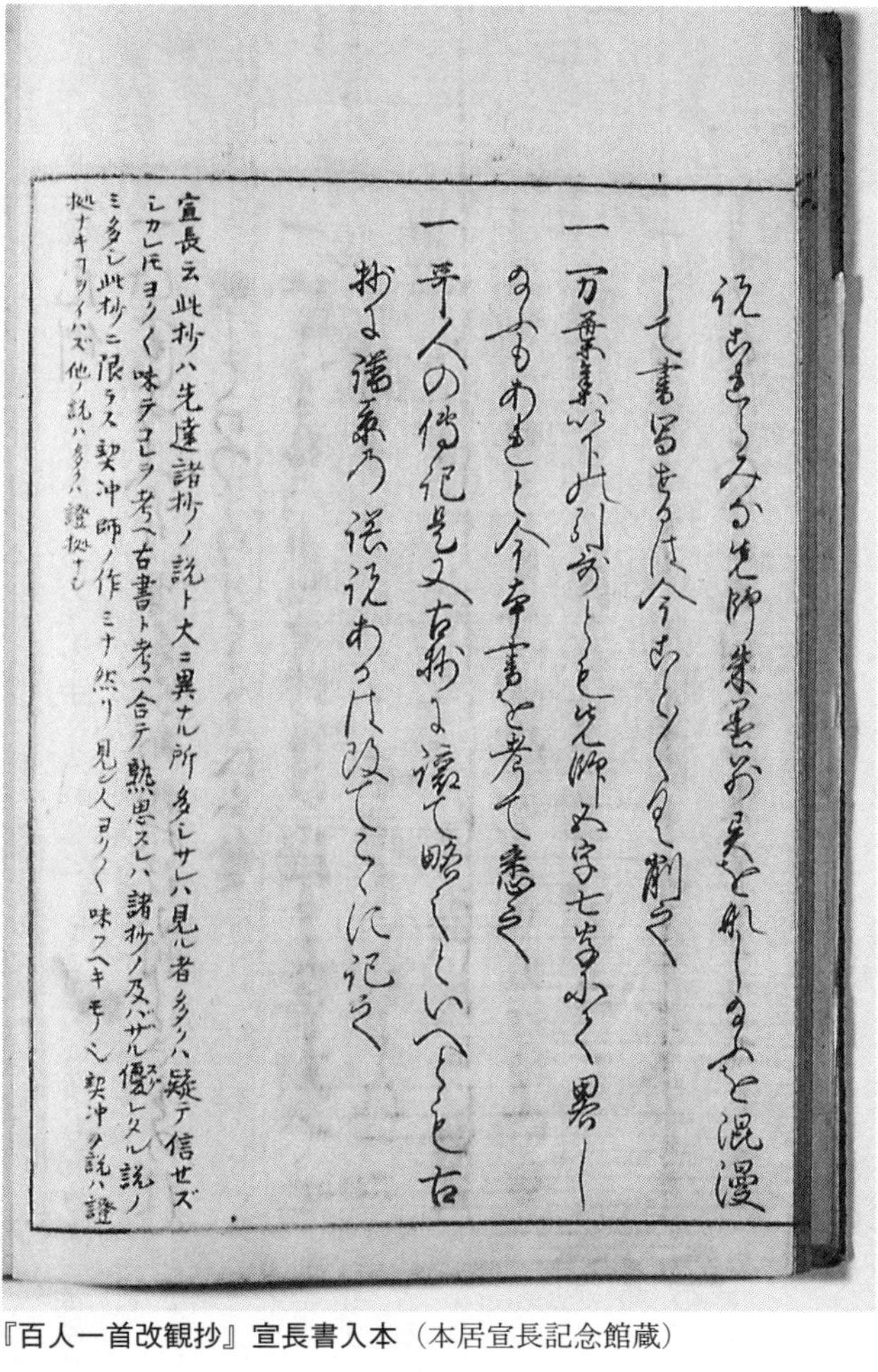
宣長云此抄ハ先達諸抄ノ説ト大ニ異ナル所多シサレハ見ル者多クハ疑テ信セズ
シカレ圧ヨクヨク味テコレヲ考ヘ古書ト考ヘ合テ熟思スレハ諸抄ノ及バザル優レタル説ノ
ミ多シ此抄ニ限ラス契沖師ノ作ミナ然リ見ル人ヨクヨク味フヘキモノ也契沖ノ説ハ證
拠ナキコツイハズ他ノ説ハ多クハ證拠ナシ

『百人一首改観抄』宣長書入本（本居宣長記念館蔵）

して読破した。そして、歌学に関する見識を身に付けることができたというのである。つまり、契沖説に基づいて歌学を裁断する方法を手に入れたということだ。とりわけ、一番最初に読んだ『百人一首改観抄』のどこにそれほど感銘を受けたのか。宣長は景山から借りた本を返却した後で、再び同じ本を購入している。そして、そこに次のような感想を書き付けたのである。

宣長云《いはく》、此《この》抄は先達諸抄の説と大に異なる所多し。されば見る者多くは疑《うたがひ》て信ぜず。しかれどもよく〳〵味《あぢはひ》てこれを考へ、古書と考へ合て熟思すれば、諸抄の及ばざる優《すぐ》れたる説のみ多し。此抄に限らず契沖師の作みな然《しか》り。見ん人よく〳〵味ふべきもの也《なり》。契沖の説は証拠なきことをいはず。他の説は多くは証拠なし。

——私宣長が言うことには、この注釈は先達の諸注釈の説と大いに異なるところが多い。だからこれを見る人の多くは疑って信じることはない。けれども、よくよく吟味し、古典籍を考え合わせて熟考すれば、諸注釈の及ばない優れた説ばかりが多い。この注釈に限らず、契沖の著作はすべて同様である。読む人はよく味わうべきである。契沖の説は証拠のないことを言わない。他の人の説の多くは証拠がない。

この注釈書は先行する諸注釈とは大いに異なるところが多い。だが、いやだからこそ、これを見る者は疑って信じることをしない。宣長は契沖説とそれ以外の説との違いを「証拠」の有無に求めている。「証拠」とは何か。それは語義や文脈を解釈する際に根拠とする言説のことである。契沖説にはそれがあり、他の説にはそれがない、と宣長は述べている。現代では当然とされる証拠立てという手続きは、実は契沖から始まったのである。契沖はそれを「文証《もんしょう》」と称している。「文証」とは仏教学（真言宗）の用語で、道理によって証明する「理《り》証《しょう》」、具体的な例示によって証明する「現証《げんしょう》」などとともに、仏教の経典を研究する際に用いられる方法である。契沖はこれを古典文学作品の研究に応用した。

現代の学術用語で言えば、文献実証主義ということになる。この文献実証主義という方法は、近代になってドイツに留学し、そこで本格的に文献学を学んだ芳賀矢一《はがやいち》（一八六七～一九二七）が日本に持ち込んだものである。ところが、芳賀自身も指摘しているように、ドイツ文献学の方法は日本の国学に内在する方法と極めてよく似た性質があり、共通する理念があったのである。つまり、芳賀はドイツに行って国学を再発見したということである。芳賀が国学を日本文献学と名付けたのは、そのような経緯からであった。近代の国文学研究は、ドイツ文献学と近世国学を基盤として始まったのである。

契沖敬仰

話を契沖に戻そう。契沖の古典研究における「証拠」を重視する方法によって、宣長は古典学に開眼した。それでは、「証拠」というのは具体的にどのようなものなのか。契沖における文献学とはどのようなものなのか。たとえば、万葉集の注釈書『万葉代匠記《まんようだいしょうき》』には、次のような文献学の方法が示されている。

此《この》書を証するには、此書より先の書を以すべし。然《しか》れども日本紀などの二三部より外になければ為《せ》む方なし。次には続日本紀、古語拾遺、懐風藻、菅家万葉集、和名抄等なり。類聚国史は世に稀《まれ》なる書にて、見ざれば如何《いかが》せむ。後の先達の勘文《かんもん》注解のみに依《よ》らば、此集の本意にあらざる事多かるべし。意を得て撰び取《とる》べし。拾遺集に多く此集の歌を入られたるに誤多きに依て、其《その》後の人迷惑する事多きを以《もつ》て料《はか》り知《しる》べし。

——この書物の証拠立てをするには、この書物よりも先の書物を用いて証拠としなければならない。しかしながら、日本書紀などの二三部以外にはないので仕方がない。その次に、続日本紀《しょくにほんぎ》、古語拾遺、懐風藻《かいふうそう》、菅家《かんけ》万葉集、和名抄《わみょうしょう》などである。類聚国史《るいじゅうこくし》は稀書《きしょ》なので見ないでは済まされない。後世の先達の解釈や注釈だけに頼ると、万葉集の本意でないことが多い。注意して選び取りなさい。拾遺集に多くの万葉歌が入集しているものには誤りが多いが、その誤りのために後世の人が迷惑することが多いことによって推し量りなさい。

万葉集を証拠立てて研究するためには、万葉集よりも古い書物の用例を用いなければならないという。もちろん、万葉集よりも古い書物は日本書紀など、二、三に限られているので、それに準ずる続日本紀、古語拾遺、懐風藻、菅家万葉集、和名類聚抄などを根拠資料として用いるという。また、拾遺集は少し問題があるので、扱いには注意が要るとも述べている。このように最古の歌集である万葉集を研究する際にも、「文証」が適用される。宣長が契沖説に価値を見出《みいだ》したのは、契沖の古典研究の方法の徹底ぶりである。宣長は帰郷後に執筆したとされる『排蘆小船《あしわけおぶね》』の中で、契沖のことを次のように評している。

こゝに難波《なには》の契沖師は、はじめて一大明眼を開きて、此《この》道の陰晦《いんかい》をなげき、古書によつて、近世の妄説をやぶり、はじめて本来の面目をみつけえたり。大凡近来《おほよそちかごろ》此人のいづる迄《まで》は、上下の人々みな酒にゑひ、夢をみてゐる如《ごと》くにて、たはひなし。此人いでておどろかしたるゆへに、やう〳〵目をさましたる人々もあり。されどまだ目のさめぬ人々が多き也《なり》。予さひはひに此人の書をみて、さつそくに目がさめたるゆへに、此道の味、をのづから心にあきらかになりて、近世のやうのわろき事をさとれり。これひとへに沖師のたまもの也。

——ここに難波の契沖法師は、はじめて開眼して、歌道の曇りを嘆き、古書に基づいて近世の妄説を論破し、はじめて歌本来の面目を見つけることができた。およそ近年にはこの人が出るまでは、身分の上下を問わず皆酒に酔い、夢を見ているようであって、たわいもなかった。この人が現れて気づかせたために、ようやく目を覚ました人もいる。けれども、まだ目が覚めない人が多いのである。私は幸いにこの人の書物を読んで、早速に目が覚めたので、歌道の味が自然と心に明らかになって、近世の歌の姿がよくないことを悟った。これはもっぱら契沖師のお蔭である。

契沖がそれまでの和歌研究の迷妄を一新し、「本来の面目」を見出したという。宣長は契沖が出る以前の歌学の状況を酩酊《めいてい》状態、そして睡眠状態という比喩で表現している。契沖がその酔いを醒まさせ、眠りを覚まさせたのである。宣長自身も目が覚めたのは契沖のお蔭であると述べている。このような古書に基づく和歌の解明法はいまだ十分に浸透していないという。そもそも、文献による証拠立てといった研究法は、契沖以前の研究者はほとんど意識さえしていなかった。それはなぜか。文献よりも重要なものがあったからである。

古今伝授の伝統

文献よりも重要なものとは、端的に言えば「古今《こきん》伝授」である。古今伝授とは、中世以来、古今集歌の語句に関する解釈を門外不出の秘伝として師から弟子に伝授し、連綿と引き継ぐことによって歌学の伝統を守ることを目指すシステムである。もっとも優れた弟子一人にのみ伝授するという一子相伝《いっしそうでん》を旨とするので、原則としてその内容を知り得るのはごく限られた少人数ということになる。それは秘説として珍重されつつ、それを受けることが歌学の権威の拠り所となった。そして多くの場合、それらの内容は書き留められることはなく、口伝あるいは口授といわれる、師から弟子への直接の口伝えによって継承される。文献よりも口伝の方が権威があったのである。

具体例を検討しよう。古今伝授と言えば、「三木三鳥《さんぼくさんちょう》」の説が著名である。古今集歌に登場する三種の木草と三つの鳥に関する秘説である。その中で「呼子鳥《よぶこどり》」を例にしよう。呼子鳥は古今集に出る読人知らずの歌である。

題知らず　　　　読み人知らず

をちこちのたづきも知らぬ山中におぼつかなくも呼子鳥かな　（春上・二九）

歌意は、あちらかこちらか、どちらに行ってよいかもわからない山の中で、心もとなく呼ぶ、呼子鳥であるよ、といったところである。この歌の第五句に詠まれた呼子鳥について、さまざまな説が積み上げられていった。たとえば、仏教的な立場による解釈によれば、第二句「たづきも知らぬ」は「測り知らぬ境界」、第三句「山中」は「大空寂」、第四句「おぼつかなく」は「思慮に関はらざる境」（煩悩）を指すというのである。そして、この歌は「元初の一念」を詠んだものであるとする。牽強付会《けんきょうふかい》と言うほかはないが、深遠な仏教的真理が詠まれているのだという権威を前にして、おそらくそれに疑いを持つという発想自体がなかったのである。また、儒教的な立場の解釈として、この歌の意味するものは「時節を得て人に告げ教ふる心」として「関白」に相当するというのである。これは「稲負鳥《いなおおせどり》」が臣下に「仰す」ゆえに「今上」（天皇）に相当し、「百千鳥《ももちどり》」が数多く存在するゆえに「臣下」に相当することに対応するという。少し解説すれば、君臣の別を説く儒教は天皇、関白、臣下という関係性を三首の歌に詠み込んだと解釈するわけである。このようなこじつけの議論は、現代から見れば荒唐無稽であることは一目瞭然であるが、珍説であるがゆえに珍重され、秘説としてますます秘蔵された。

これが中世だと言ってしまえば身も蓋もないが、和歌の道を守るという大義と、選ばれた者のみが知り得るという神秘性とによって、御簾《ベール》の向こう側にあるご神体を疑う者はいなかった。誰一人として「王様は裸だ」と叫ぶ者は現れなかったのである。

近世期に入ってからも、しばらくは古今伝授の権威は保たれた。いやむしろ、治世になってからの方が古今伝授のシステムは整えられ、最終段階へと至る階梯《かいてい》が整備されたのである。近世中期に霊元院《れいげんいん》（一六五四〜一七三二）は、御所伝授と呼ばれる、天皇自身による伝授を完成させ、次の五段階の階梯を設定した。

一、てにをは伝授
二、三部抄伝授
三、伊勢物語伝授
四、古今伝授
五、一事伝授

まずはじめの「てにをは伝授」は、古歌の「つつ」や「かな」などの用法に関する蘊蓄《うんちく》を伝えるものである。和歌に関するもっとも基礎となる伝授といえる。二番目の「三部抄伝授」は、「三部抄」といわれる「百人一首」「詠歌大概《えいがたいがい》」「未来記《みらいき》・雨中吟《うちゅうぎん》」に関する伝授である。いずれも藤原定家《さだいえ》著とされる作品であり、それらに対して講釈したものである。ただし、現代では「未来記・雨中吟」は定家仮託の偽書であることがわかっている。三番目と四番目は、それぞれ伊勢物語と古今集に関する伝授であり、もっとも正統的な古典文学作品の講説が行われた。五番目の「一事伝授」についての内容は不明であるが、秘説たる伝授にさらに神秘性を添えるものであったと推定される。

近世の前期から中期にかけて、古今伝授の権威と文化を掌握する天皇の権威とが結びついて、堂上《とうしょう》歌壇は活況を呈した。契沖が文献実証主義を携えて登場したのは、ちょうどその頃である。そして、それから半世紀余りを経て宣長が京都に留学してきた。契沖の著作と出会って古今伝授批判を展開するのは当然のなりゆきと考えることもできる。

宣長の古今伝授批判

宣長は『排蘆小船《あしわけおぶね》』の中で、「呼子鳥」を手掛かりに古今伝授が偽作であることを論証している。順を追って宣長の主張を見ていこう。まず第一に、大前提として歌は「人の心を種として」(古今集仮名序) 詠み出したものなので、伝授というものは不要であると断言する。人から伝授されなければわからない歌ならば、そのような歌は不要であるというのである。

第二に、「呼子鳥」は万葉集や古今集に多く詠まれていた鳥なので、当時の人々はそれをよく知っていたはずだ。皆の知っていることを伝授するのは意味がない、という。「呼子鳥」は烏《からす》と同じで、当時の人が知っていることをもったいぶってその謂《い》われを伝授すれば笑いものになるだろう。第三として、紀貫之《きのつらゆき》から藤原基俊《もととし》までの間は女に伝えて世に知られることがなかったということになっているが、この間にも歌道の達人が多くいたのに、その人に伝えなかったのは極めて不審である。また、撰者のうち貫之一人だけが知っていたとするのも不思議な話であるとする。第四に、「呼子鳥」は『徒然草』二百十段に言及されている。しかし、伝授があったなどということはまったく記されていない。もし伝授があったとするならば、四天王といわれた兼好《けんこう》が知らないはずがない。そう考えると、兼好の時代には伝授はなかったと推定される。第五に、兼好よりも古い藤原定家の時代にも伝授があった事実は確認できない。すなわち、当時なかった伝授を後の時代に捏造《ねつぞう》したのである。第六に、以上のことから考えて、貫之から伝授が始まり、それが伝えられたとするのはまったくの誤謬《ごびゅう》である。第七として、伝授の内容が納得できるものであれば、聞く価値があるが、実際には古今伝授には正しい説は一つもなく、すべて牽強付会である。それというのも、古今伝授を作った東常縁《とうのつねより》が愚昧な歌学者だったからである。

このように宣長は古今伝授の伝来の経緯をはじめとして、形式的にも内容的にも誤ったものであることを完璧に立証するのである。宣長にとって古今伝授とは、まさに歌道の妨げであり、大厄であるということになる。こうして宣長は新しい時代の古典学を構築する礎《いしずえ》を得た。そのような発想はすべて契沖から学んだものだったのである。

むろん宣長が契沖から学んだのは、文献学の方法だけではない。文学作品に内在する精神もまた吸収したのである。たとえば、『古言指南《こげんしなん》』という平安朝文学に関して論じた書付の中に次のような言説がある。

さいつごろ、難波に契沖と云《いふ》人出《いで》て、此《この》道の学問に通達して、古言古歌の誠の味を見付《ケ》得て、惑《マヨ》ひ来る世の人を晤《サト》し教へてより、天下此人の言を信用する者は、始《はじめ》て古言古歌の誠の事を知るやうになれり。

――つい最近、難波に契沖という人が現れて、歌道の学問に通暁して、古語や古歌の本当の意味を見極めて、迷っている世の人を教戒してから、天下でこの人の言葉を信用する者は、はじめて古語や古歌に関する本当のことがわかるようになった。

契沖は歌学に精通し、「古言古歌の誠」を発見してそれを後世の人に知らせたという。「誠」という漢字を用いているが、誠意・誠実という意に限定するのは正しくない。その意味するところは、作品に表れた作者の真意といったところであろう。契沖説を支持すれば、文学作品の真意を知ることができるというのである。

国学の始祖としての契沖

宣長は契沖の著作を景山から借りて、ノートに書写している。現在、『和歌の浦』という自筆本にそれらは収められている。その中に『勢語臆断《せいごおくだん》』からの抜書がある。識語《しきご》によれば、宝暦二年（一七五二）五月十二日である。上京し、景山に入門して二ヶ月も経《た》たない時期である。景山所持本『勢語臆断』から抜粋した中に、伊勢物語最終段の注釈も含まれている。そのことを後年、敷衍《ふえん》して「業平ノ朝臣のいまはの言の葉」（『玉勝間』五の巻）という文章の中で次のように記している。

> 古今集に、やまひして、よわくなりにける時よめる、なりひらの朝臣《あそん》、「つひにゆく道とはかねて聞《きき》しかどきのふけふとは思はざりしを、契沖いはく、これ人のまことの心にて、をしへにもよき歌也《なり》。後々の人は、死なんとするきはにいたりて、こと〴〵しきうたをよみ、あるは道をさとれるよしなどよめる、まことしからずして、いとにくし。たゞなる時こそ、狂言綺語をもまじへめ、いまはとあらんときにだに、心のまことにかへれかし。此《この》朝臣は、一生のまこと、此歌にあらはれ、後の人は、一生の偽《リ》をあらはし

て死ぬる也といへるは、ほうしのことばにもにず、いと〳〵たふとし。やまとだましひなる人は、法師ながら、かくこそ有《あり》けれ、から心なる神道者歌学者、まさにからはいはんや。契沖法師は、よの人にまことを教へ、神道者歌学者は、いつはりをぞをしふなる。

――古今集に「病気をして、衰弱してしまった時に詠んだ歌」として、業平朝臣《なりひらのあそん》の「つひにゆく道とはかねて聞きしかど昨日今日とは思はざりしを」という歌がある。契沖が言うには、この歌の境地は、人間の真実の心持ちであって教訓のためにも有益な歌である。後世の人は、臨終という段になると、ものものしい歌を詠み、あるいは道を悟ったような趣の歌を詠むが、それは真実味がなく本当に見苦しい。平常の時こそ道理に合わない言葉や巧みに飾った言葉を交ぜて使うのもよかろうが、いよいよ最期の時だけでも心の真実に返ってほしいものである。この業平朝臣は、一生の真実がこの歌に表現され、後世の人は一生の虚偽を表現して死ぬのだ、と。この言葉は僧侶の言葉らしくもなく、とても貴重である。大和魂を持っている人は、僧侶であってもこの通りであった。漢意《からごころ》にとらわれた神道者や歌学者はこうは言えまい。契沖法師は世の人に真実を教え、神道者や歌学者は虚偽を教えるのだ。

昔男（業平）の辞世の歌「つひにゆく道とはかねて聞きしかど昨日今日とは思はざりし

を」（古今集・哀傷、伊勢物語・一二五段）の解釈をめぐって、「心のまこと」を表現したとする契沖説を宣長は高く評価する。契沖は法師でありながら、日本古来の精神を有する学者だという。ここで法師と神道者、歌学者とを対比して論じていることに注目したい。宣長によれば、法師は仏教という外来の宗教にかしずく下僕に過ぎない。儒者と同じく漢意に蝕まれた輩《やから》であると考えた。一方、神道者は日本古来の神道を説く伝道師であり、歌学者は和歌の本意を明らかにする役割を担っているはずである。しかしながら、法師である契沖はまことを教え、神道者や歌学者は平気で虚偽を教えている、というのである。ここには本来の役目を果たさない神道者、歌学者に対する苛立《いらだ》ちと、法師でありながら歌学に貢献する契沖への尊崇が表明されている。法師である契沖に対する複雑な思いは、儒者である師堀景山への思いと重なるものがある。宣長の古典研究の基礎を構築したのが儒者と法師であったということは、興味深い事実である。

それはともあれ、このように宣長は契沖から文献学の方法と、それによって導き出される文学作品の真意をともに学び、それらを文学を研究する上での基盤とした。それらは生涯にわたって宣長の学問的骨格となっていくのである。

二、二条派地下歌人への入門と詠歌

詠歌独修の日々

さて、在京中の宣長がした文学的経験は、契沖学との邂逅《かいこう》だけではなかった。旧来の歌学にも本格的に関わっていくことになるのである。旧来の歌学とは、後述するように、御子《みこ》左《ひだり》家に端を発し、二条家によって確立された二条派歌学のことである。この国学と二条派歌学という、相反する二つの歌学の両立というファクターが他の歌学者にはあり得ない、宣長学の特徴である。宣長学は出発点において矛盾をはらんでいたのである。

そもそも宣長は松坂にいた時に歌を詠むことをおぼえた。はるか後年になるが、そのことを『玉勝間《たまがつま》』で次のように回想している。

十七八なりしほどより、歌よままほしく思ふ心いできて、よみはじめけるを、それはたゞ師にしたがひて、まなべるにもあらず、人に見することなどもせず、たゞひとりよみ出るばかりなりなりき。集どもも、古きちかきこれかれと見て、かたのごとく今の世のよみざまなりき。

――十七、八歳の頃から、歌を詠んでみたいという気持ちが出てきて、詠みはじめたわけであるが、それはまた師匠に入門して学んだわけでもない。詠んだ歌を人に見せることもせず、自分一人で詠んでいるだけであった。歌集も古いものや新しいものをあれこれと見て、変わったところもなく今風の詠み方であった。

十代の末頃に歌を詠みはじめたという。『寛延元年戊辰詠《ぼしんえい》和歌』によれば、十九歳の春にはじめて歌を詠んだようである。次のような歌である。

此《この》道に志してはじめて春立つ心を読侍《よみはべ》りける
新玉の春来にけりな今朝よりも霞《かすみ》ぞ染むる久方の空

師に就いて学ぶこともなく、しかも添削を請うようなこともしなかった。要するに、まったくの独学である。また、歌集も古いもの新しいものを問わずいろいろと見て、当世の詠み方を学んだというのである。このようにただただ歌を詠み、歌集を読むという独修の日々が京都留学の年まで続いた。

森河章尹への入門

京都に来て最初に入門したのは、新玉津島《しんたまつしま》神社の神官であった森河章尹《もりかわあきただ》（一六七〇〜一七六二）である。上京した宝暦二年の九月二十二日のことであった。翌月の十月十三日には新玉津島社和歌月次会に出席し、兼題（あらかじめ出された題）で「林下時雨《しぐれ》」を詠み、当座題（会の当日に与えられる題）で「杜郭公《もりのほととぎす》」を詠んだ。また、新玉津島社が藤原俊成《しゅんぜい》を祀《まつ》っていることから、手向《たむけ》和歌を詠んだ。『宝暦二年壬申《じんしん》詠和歌』には一連の詠歌が収録されている。

十月十三日新玉津嶋社和歌月次会兼題　林下時雨毎月冷泉家御出題

もりかねし梢も今は散りすぎて時雨たまらぬ木々の下陰

言の葉のしげき林の下草も染る時雨に色やまさらん

同当座　杜郭公

里なれぬ程は鳴く音もはづかしの杜の木陰の山ほととぎす

声だにもしほたれにけり五月雨の森の木の間に鳴くほととぎす

同月次兼題　五条入道俊成卿手向　寒草同冷泉家御題

みちのくの真野《まの》の萱原《かやはら》霜枯れの尾花に残る秋の面影

玉まきし秋の葉色も霜枯れてさびしく見ゆる野辺の葛原

当座　寄沢恋

かくまでは変はり果つべき契りかは浅沢水の心なりとも

はじめて出席した章尹の歌会では、「林下時雨」という兼題と「杜郭公」という当座題を詠んでいる。また、俊成卿を祀る歌会が新玉津島神社で毎月晦日《みそか》に行われていたが、これにも出席している。同神社は定家が父俊成の邸宅に玉津島社の衣通郎姫《そとおりのいらつめ》を勧請《かんじょう》したのが始まりで、その後は邸宅跡に社殿が建てられた。これに因《ちな》んで俊成卿の月命日に歌会を催しているのである。これ以降、毎月十三日と三十日には同神社で和歌月次会が行われたが、必ずしも毎回出席したわけではなく、一年も経たないうちにすっかり顔を出さなくなった。景山塾の「史記」会とバッティングしたことや、本格的に医学修業を始めたことも原因の一つではあろうが、思い描いていた歌会とは違ったからであろう。

そもそも章尹は冷泉為村《れいぜいためむら》（一七一二～一七七四）の門人である。為村は冷泉家中興の祖といわれる歌人で、公家・武家を問わず、有力門人を多数輩出した。だが、冷泉派は伝統的な二条派歌学とは一線を画する流儀であり、和歌に関する細かい知識に大きな違いがあった。また、和歌を懐紙や短冊にしたためる作法も違っていた。そのあたりの違和感も宣長にはあったのではないか。結局のところ宣長が章尹に入門したのは、単に寄宿中の景山の邸宅から近かったからではなかろうか。

在京中、漢学に医学、そして日本古典文学研究と、宣長の勉学の対象は多岐にわたっていた。そのために詠歌がおろそかになったかといえば、まったくそのようなことはなかった。むしろ忙しくなるにしたがって、ますます詠歌に励むようになったのである。宣長は友人への書簡の中で「私有自楽」（ひそかにみずから楽しむあり）という語で表現している。そしてその言葉通り、詠歌の習慣を崩すことはなかった。文字通り、寝食を忘れて詠歌に耽《ふけ》った。松坂にいた頃と同じく独修の日々が続いたのである。

有賀長川への入門

そういった中で、再び師に就いて詠歌指導を受ける機会ができた。宝暦六年（一七五六）二月十五日に有賀長川《あるがちょうせん》（一七一七〜一七七八）に入門したのである。有賀長川は松永貞徳《まつながていとく》門流の歌人で、細川幽斎《ゆうさい》―貞徳―望月《もちづき》（広沢）長孝《ちょうこう》―平間長雅《ひらまちょうが》―有賀長伯《ちょうはく》―有賀長川と続く、正真正銘の二条派地下《じげ》歌人である。入門当日の歌会で次のような歌を詠んでいる。

有賀氏月次会兼題　行路春草　二月十五日

道の辺や野飼ひがてらに駒とめてしばしなづさふ春の若草
立ち帰る春の緑になづさひて行く駒なづむ野路の若草
たづね入る野路の若草妻ならで霞にこもる武蔵野の原

　此歌、野の字二ッあり。

同日当座　寄田恋
思ひやれ人の心のあき風に山田の穂波よるの寝覚を
吹きそめて中々つらき契りかな一夜ふしみの小田の秋風

有賀長川のはじめての歌会では、「行路春草」という兼題と「寄田恋」という当座題を詠んでいる。この時の歌会については、日記にも記している。次の通りである。

予始出レ会、当座探二得寄田恋一、詠レ之。
けふは風の心地もよろしくて、会に出《いで》ぬ。寄田恋、いとよみにくき物にてこまりしが、からうじてひねり出《いだ》したりける。

初日から題詠（与えられた題に基づいて歌を詠むこと）に苦労した心境を吐露している。もちろん、それは詠みにくい題であったことが主因であろうが、久しぶりに当座の題詠に臨んで緊張したことも一因であろう。こうして有賀長川に入門し、その歌会に出席する日々が始まった。

そもそも宣長は以前に森河章尹に入門し、冷泉派門人になった時から、二条派の道統には関心を持っていた。『和歌の浦』四に「倭歌相伝之事」という項目を立てて、次のような系図を筆写していたのである。

○基俊─俊成卿─定家卿─為家卿─為氏二条─常縁─宗祇─逍遥院─称名院─三光院─幽斎

為家卿の下：為氏二条／為教／為相冷泉

幽斎─智仁親王八条宮

智仁親王八条宮の下：光広烏丸殿／貞徳長頭丸

光広烏丸殿─広沢長孝─長雅─長伯─

広沢長孝─エイサン─井《ノ》口兼山

貞徳長頭丸─北村季吟

この系図は上京して景山に入門し、同年に森河章尹に入門した年に書き写されたものである。歌道を志す者で、脈々と流れる相伝に興味を持たない者はいない。長伯の後に来るのが長川である。つまり、当時冷泉派歌人に入門しながらも、二条派歌人の系譜に並々ならぬ関心を抱いていたことがわかる。その二条派歌人（有賀長川）に入門する機会が訪れたのである。

二条派歌学と頓阿

それでは二条派歌人はどのような和歌観を持っていたのか。当時堂上歌壇でもっとも読まれたとされる武者小路実陰《むしゃのこうじさねかげ》『初学考鑑《しょがくこうかん》』を見てみることにしよう。『初学考鑑』は文字通り初学者に対する和歌指南を目指して記された歌学書で、後掲の『詞林拾葉《しりんしゅうよう》』とともに実陰の歌論がわかる著述である。『初学考鑑』は万葉集に始まる和歌史を語るところから始めるが、新古今集以後の歌風について次のように記している。

新勅撰集は、新古今集の花の過《すぎ》たるを後世の害あらんと、実《じつ》を本《もと》とするの心を世にひろめんがため、定家卿勅を奉《たてまつり》て撰《せん》し給《たま》ふより、為家、為氏の卿相つゞきて、此《この》道の統をつぎ撰集侍《はべ》りし也《なり》。それよりして、時変り世をしうつりて異風体《いふうてい》になりもて行《ゆき》て、むかしより伝れりし正風体《しやうふうてい》の筋は、跡かたなくなり行《ゆく》べき時になりけらし。こゝに、頓阿法師といへるもの、業を為世卿よりうけて、此比道の独歩たりし。力を入《いれ》、心をつくし、此道の邪路《じやろ》に入らん事をなげきて、二条摂政良基公、或尊円親王に申《まうし》すゝめしより、上《かみ》をはじめ下臣《しもしん》たるにいたるまで正風体にうつりかへりしは、頓阿の功、京極黄門の後《しり》へに継《つぎ》たらん程なりし。

――新勅撰《ちょくせん》集は新古今集の「花」が多すぎたことを後世に害があると、「実」を基本にする心を世に広めるために、定家卿が勅を奉じて撰ばれた時から、為家《ためいえ》、為氏《ためうじ》と続いて、歌道の正統を継いで撰集があったのである。それ以来、時代が変わり世が移って異《い》風体《ふうてい》になっていって、昔から伝えられた正風体《しょうふうてい》の筋は跡形もなくなっていく時になってしまった。ここに頓阿《とんあ》法師という人が歌学を為世卿から受けて、歌道の第一人者であった。力を入れ心を尽くして、歌道が横道にそれることを嘆いて、二条良基《にじょうよしもと》や尊円《そんえん》親王に勧めた時から、天皇をはじめとして臣下に至るまで正風体に移り変わったのは、頓阿の功績であって、定家の跡を継ぐほどのものであった。

新古今集以後、定家（新勅撰集）、為家（続後撰集）、為氏（続拾遺集）と勅撰集を編纂《へんさん》する栄誉に恵まれたという。問題はその後である。時世が移りかわって「異風体《いふうてい》」が流行し、伝統的な「正風体《しょうふうてい》」は影も形もなくなったというのである。「異風体」とは、二条派歌人が京極派が編纂した玉葉《ぎょくよう》集、風雅《ふうが》集の歌風を指す用語である。玉葉集は第十四勅撰和歌集で京《きょう》極為兼《ごくためかね》が編纂したもので、風雅集は第十七勅撰和歌集で花園院《はなぞのいん》監修のもとに光厳院《こうごんいん》が編纂したものである。現代では清新な叙景と繊細な抒情《じょじょう》とを特徴とする新風と評されるが、二条派にかかれば、奇異で奇矯な異風体というレッテルが付された。一方の「正風体」とは、二条派歌人が自らの派の歌風を称する用語で、素直で歌意の明らかな歌風を意味する。そうして異風体が一世を風靡《ふうび》した後に、二条派の正統である頓阿が現れて、東奔西走の尽力の末、ようやく正風体に復したという。その意味で頓阿の功績は定家に継ぐものがあるというのである。

正風と異風という対義語を用い、その上自らを正風と名乗るのは、歌壇における派閥争いの帰結であり、悪弊と言ってよい。だが、京極家が衰退し、二条派が主導権を握った中世後期以降、ますます正風体を重んじる風潮が強くなった。近世期に入ってからも堂上歌壇は二条派の一人勝ち状態で、古今伝授の権威と相まって、正風体を奉じる二条派歌学は全盛を極めたのである。

頓阿の「正風体」

それでは、「正風体」とは一体どのような歌風なのか。武者小路実陰は『詞林拾葉《しりんしゅうよう》』の中で、次の頓阿の歌を正風体のもっとも良質な歌体であると語っている。

帰る雁《かり》立つを見捨てて行くかたもなほこそ霞め春の曙　（草庵集・春上）

歌意は、帰雁《きがん》が都の花盛りを見捨てて北国に帰っていく方角もやはり霞んでいる曙であることよ、といったところであろう。この歌は言うまでもなく、「春霞立つを見捨てて行く雁は花なき里に住みやならへる」（古今集・春上・伊勢）に基づく本歌取りである。ところが、実陰はこの二首を並べてみると、どちらが本歌でどちらが本歌取りであるか、区別がつかない。むしろ頓阿歌のために伊勢歌が詠まれたように見えると述べている。それだけ頓阿は歌の詠み方が自然で、古歌の中に混ぜても遜色ないというわけである。正風体の素直な詠みぶりの内実がよくわかる解説と言ってよかろう。

このような頓阿の「正風体」を重んじる二条派歌学に接して、宣長は目の覚める思いを抱いたことであろう。御子左家から続く由緒正しい歌の家、二条家に連なる流派に就くことができたからである。とりわけ頓阿の正風体が二条派を再興したことについて、大いに共感するところがあった。『排蘆小船《あしわけおぶね》』において、和歌の歴代変化を論じた中で、頓阿に及んで次のように記している。

この時頓阿法師、為世卿の弟子にて、もつはら正風をよみて名高かりしゆへに、良基公も頓阿につきて正風を好み、後光厳帝へも申しさたし給《たま》ひし也《なり》。さて後光厳帝正風体に帰し給ひて後、二条家の為明に仰せて、新拾遺を集めしめたまふ処《ところ》に、半ばにして為明みまかり給ひければ、頓阿に仰せて、その功をおへしむ。これよりしてかの為兼の異風すたれて、天下一同に上下ともに正風にかへれり。よつて此《この》時を二条家の歌道中興といふ也。

――この時に頓阿法師は為世《ためよ》卿の弟子で、もっぱら正風体を詠んで高名であったために、二条良基も頓阿に就いて正風体を好み、後光厳院《ごこうごんいん》へも進言なさったのである。そうして後光厳院は正風体に復帰なさって後、二条家の為明《ためあき》に仰せつけて、新拾遺集を撰集させなさったところ、業半ばで為明がお亡くなりになったので、頓阿に仰せつけて、その功績を終えさせた。それ以来、かの為兼の異風体は廃《すた》れて、天下一同に身分の上下を問わず正風体に復帰した。よってこの時を二条家の歌道の中興というのである。

頓阿の和歌史的位置を二条家歌学との関連によって導き出している。つまり、頓阿を二条家歌学中興の祖と結論づけるのであるが、頓阿の正風体や京極為兼の異風体についての認識は、先に見た『初学考鑑』と寸分違《たが》わぬものであったことがわかる。むろん、宣長が『初学考鑑』を下敷きにして『排蘆小船』を書いたというわけではない。二条派歌学の理念を自家薬籠中のものとしていたのである。なお、頓阿の家集『草庵集』については、いずれこれに注釈を付し、出版することになるのであるが、それは次章で話題にすることにしよう。

二条派歌人としての出発

さて、有賀長川に入門したのは、それなりに理由があった。長川の師で父でもある長伯は、二条派地下歌人の中でも群を抜いて歌書を出版していたからである。宣長は京都留学以前にすでに『和歌八重垣《やえがき》』や『歌枕秋の寝覚』を入手していた。おそらくそれらは和歌を独修する上で指針となる参考書であったに違いない。たとえば、『和歌八重垣』の序に次のようなことが記されている。

抑《そもそも》三十一字《みそひともじ》の詠、出雲八雲の神代にはじまりしよりこのかた、世々の先達かはる〲出《いで》て詠格法式をさだめ、読方を教給《をしえたま》へられし書かずかぎりなしといへども、初学《うひまなび》の人転覧して便とすることかたし。よつて今あらたに和歌藝古のはじめより、五句の次第、会序の作法、禁制、用捨、病の沙汰、題のよみかた、てにをは等にいたるまで、こと〲く是《これ》をしるし、又もろ〲の詞《ことば》を部類して註釈をくはふ。

――そもそも和歌三十一文字は出雲《いずも》八重垣の神代に始まった時から今に至るまで、

世々の先達が交代交代に出て詠式を定め、詠み方を教えられた書物は限りないとはいうけれども、初学者が見て便宜とすることは難しい。よって今新たに和歌稽古のはじめから五句の順序、会式の作法、禁制、用捨、歌の病のこと、題詠のこと、てにをはに至るまで、すべてこれを記し、またさまざまな言葉を配置して注釈を加えた。

歌の詠み方から歌会出席の作法に至るまで、およそ歌に関するありとあらゆることを初学者に指南するという構成になっている。このような懇切丁寧な教えを書籍から学んだ宣長は、京都に留学して和歌の本場の雰囲気を思う存分味わったことであろう。そして、その著者が有賀長伯だったのである。つまり、地方にいる宣長にとって長伯は著名人であった。その直系の門流になれることに震えるような感動を覚えたことであろう。

有賀長川の会は皆出席とまではいえないが、月次会にはほとんど出席した。そして、入門翌年の宝暦七年（一七五七）十月に帰郷した後も、長川とのやりとりは続いた。しばらくの間、詠歌の添削指導を受けていたのである。そのようにして受けた詠歌指導を力にして、宣長は松坂で歌会に出席する。嶺松院《れいしょういん》歌会である。嶺松院は本居家の菩提寺《ぼだいじ》である樹敬寺《じゅきょうじ》の塔頭《たっちゅう》で、宣長が生まれる前から歌会を催していた。宣長は帰郷した次の年、宝暦八年（一七五八）二月十一日にこの会に入り、活動を開始している。会日は十一日と二十五日の午後で、宣長はかなりの頻度で出席し、いずれこの会の指導的立場に就くことになる。それは在京中における長川歌会での経験があったからであり、この歌会との関わりは生涯にわたって続いた。

二十歳代の宣長は、五年半にわたる京都留学の間に漢学修得と医学修業とのほかに重要な経験をした。師の景山を通して契沖学と出会い、日本古典文学に開眼したことと、有賀長川に入門して二条派歌学を体得したことである。前者はその後の文学研究の基盤となるものであり、後者はその後の和歌創作の基礎になるものであった。いずれも宣長にとってかけがえのない経験であったのであり、この京都での日々があったからこそ、高く飛翔することができたのである。

第三章　人生の転機

一、賀茂真淵と松坂の一夜

『冠辞考』の衝撃

人と人との出会いは偶然ともいえるが、偶然では済まされない強い絆《きずな》が見える場合もある。一般に科学では説明がつかない偶然の一致のことをユング心理学で「共時性」（シンクロニシティー）という。この「共時性」を東洋思想によって解明しようとした心理学者ジーン・シノダ・ボーレンは、インドに伝わるある諺《ことわざ》にたどり着いた。それは次のようなものだ。弟子に心の準備が整ったとき、師は自然に現れる。奇妙な暗合はいつの世にもある。心理学と東洋思想との出会いも不思議な縁というほかはない。

宣長と賀茂真淵《かものまぶち》との出会いもまた、単なる偶然と考えることはできない。宣長と真淵との出会いを「松坂《まつさか》の一夜《ひとよ》」という。時は宝暦十三年（一七六三）五月二十五日のことであった。京都留学から帰郷した宣長は、医師として生計を立てる一方で、日本古典の研究にいそしんでいた。在京中に契沖《けいちゅう》の著作と出会って国学に開眼していたが、真淵の『冠辞考《かんじこう》』を見て衝撃を受けた。一体何が書いてあるのか、さっぱりわからなかったからである。そのことを宣長は次のように回想している（『玉勝間《たまがつま》』二の巻「おのが物まなびの有しやう」）。

かくて其《その》ふみ、はじめに一わたり見しには、さらに思ひもかけぬ事のみにして、あまりこととほく、あやしきやうにおぼえて、さらに信ずる心はあらざりしかど、猶《なほ》あるやうあるべしと思ひて、立《たち》かへり今一たび見れば、まれ〳〵には、げにさもやとおぼゆるふし〴〵もいできければ、又立かへり見るに、いよいよげにとおぼゆることおほくなりて、見るたびに信ずる心の出来《いで》つゝ、つひにいにしへぶりのこゝろことばの、まことに然《しか》る事をさとりぬ。

――こうして『冠辞考』を最初に一覧した時には、全く思いがけないことばかりで、自分の考えとはあまりにも遠く、怪しい説に思われて、全く信じる気持ちはなかったけれども、やはり何か理由があるにちがいないと思って、今一度読み返してみると、ごく稀《まれ》には、なるほどそうでもあろうかと思われる箇所も出てきたので、さらに繰り返し読むと、ますます確かにそうだと思われることが多くなって、読むたびごとに信じる気持ちが出てきて、ついに古代精神と古代語が、本当に『冠辞考』の通りであることを悟った。

賀茂真淵像（本居宣長記念館蔵）

『冠辞考』は万葉集に見える枕詞《まくらことば》の研究書である。初読の際には、その内容が奇妙奇天烈《きてれつ》のためにまったく理解できなかったが、辛抱して再度読み返してみると、たまに腑《ふ》に落ちる事柄に会うこともあり、さらに読み進めてみると、ますますなるほどと納得できることが多くなった、というのである。そうして最後には古学の極意が書かれていることに思い至ったという。書物との幸せな出会いであるが、考えてみれば不思議な体験である。人は自分の理解できないような本を何度も読むようなことをするだろうか。もちろん多少のデフォルメはあるにせよ、『冠辞考』が衝撃的な書物だったことは確かである。あまりにも直観的な断定に戸惑うことも多かったようだ。しかしながら、この不可思議な書物を何度も読み通すことができたのは、契沖学という文献実証主義の訓練を受け、古代文学を研究する基礎体力が宣長に備わっていたからであろう。そうでなければ、初読の段階で理解不能の書物を何度も読むことなどできるはずがない。つまり、宣長が契沖学と出会い、真淵学と出会ったという順番がよかったのである。もしこれが逆であれば、宣長の国学は少し違ったものになっていたに違いない。

松坂の一夜

ともあれ、むさぼるように『冠辞考』を読みふけった宣長は、いつか真淵に会って直接教えを受けたいと考えるようになった。そしてそのことを懇意にしている本屋（柏屋兵助《かしわやひょうすけ》）にも話していた。すると、ある日宣長が柏屋に立ち寄った時、身震いを覚えた。ついさっきまで真淵がここにいたというではないか。どうして江戸にいるお方が松坂に現れたのか。柏屋の主人が教えてくれた。真淵が和学御用《わがくごよう》として仕えていた田安《たやす》家の命令で、奈良・京都を中心とした遺跡の調査を仰せ付かって、その帰りにお伊勢参りに足を伸ばしたというのである。それを聞いた宣長は真淵一行の様子を聞いて跡を追ったが、ついに追いつけなかった。出会い損ねたわけである。だが、この出会い損ねというのも、後になってみればよかった。

すぐに満たされない欲望は大きく膨らんでいくものだ。そして、その願いがかなった時の喜びは大きく、ありがたみは計り知れない。宣長は一日千秋の思いで真淵一行の到着を待った。

はたして真淵一行は、伊勢神宮からの帰りに再び松坂に立ち寄った。柏屋から真淵来訪の情報を得た宣長は、その夜喜び勇んで真淵の逗留《とうりゅう》先（新上屋《しんじょうや》）を訪ねた。真淵にとって、奈良・京都での調査収集の成果もさることながら、その旅の締めくくりによぎった松坂の地で、有望な国学徒に出会うとは思ってもみなかったことであろう。すでに『冠辞考』を読破していた宣長である。真淵も我が意を得たりと思えたに違いない。話は万葉集の研究から古事記の研究へと進んでいった。宣長は古事記に興味を持っているという。真淵は万葉研究は存分にしたが、古事記研究にまでは手が回らないという忸怩《じくじ》たる思いを抱いていた。日本の古代研究を極めるためには、古事記を研究しなければならない。真淵と宣長、両者の考えは完全に一致していた。宣長にとっての真淵も、真淵にとっての宣長も、お互いの欠を埋めるベター・ハーフであった。真淵の学識に宣長の才学と若さがあれば、向かうところ敵なしである。六十七歳の老学者は三十四歳の前途有望な学者に希望の光を見出した。

真淵による通信添削

この年の年末に宣長は真淵に入門することを許され、翌年正月に正式に真淵に入門したが、再び対面することはなかった。文字通りの一期一会である。そこから真淵が没する明和六年（一七六九）までの六年間、文通による指導を受けた。要するに、通信添削である。その内容は大きく古代研究と詠歌指導の二つの項目に整理できる。とりわけ重要なのは万葉集に関する問答であった。宣長は万葉集に関して、巻一から巻二十まで通して二回り質問をした。『万葉集問目《もんもく》』という。一度目は宝暦十四年春に始めて翌年三月には巻九までを終えている。二度目は始まりの時期を特定することはできないが、明和五年六月には終了している。むろん、質問は初歩的なものだけではなく、本格的な古代語に関わるものも多かった。また、宣長の見解の方が真淵の回答よりも優れている場合も一再ではなかった。特に真淵が掲げる万葉集六巻成立論は、現代から見れば万葉集成立論と編纂《へんさん》論を混同して立論した真淵の分が悪いが、古代語に対する鋭敏な感性と文学的想像力、そしてあらん限りの力を傾注したものであっただけに、宣長の率直な批判を見過ごすことができなかったのである。宣長は真淵の逆《げき》鱗《りん》に触れてしまったのだ。宣長が詫《わ》びを入れて事なきを得たが、「万葉集の御問は無用」という真淵の最後通牒《つうちょう》は、宣長にとって大変厳しいものであった。

後に宣長は師説に逆らって見解がぶつかることがあったことを懐かしく思い出している（『玉勝間』二の巻「師の説になづまざる事」）。よい考えがあれば師説に反するものであってもそれを主張せよ、というのが真淵の考えであったと述べ、そのような度量の広さ、寛容さが真淵の魅力でもあったと記している。振り返った時に浮かぶ恩師の姿は鮮やかで、その思い出は常に美しい。だが、叱責を受けた当時の宣長にとって、真淵は必ずしも寛容ではなかった。二十年来の勉学を笠《かさ》に着て、師匠の沽券《こけん》を振りかざす、時代遅れの堅物であった。癇《かん》癪《しゃく》持ちの師匠を持つ弟子は疲れる。ただし、真淵が宣長の批判に対して全力で対応したからこそ、宣長はさらにひと回り大きくなることができたと考えることもできる。また、美化された思い出は真淵を人格者に祭り上げ、そのような師と巡り会えた宣長を果報者に仕立て上げた。悪いことばかりではない。

ともあれ、万葉集をめぐる二人のやりとりは、近世万葉学が発展する現場であり、失われた万葉集を日本人が取り戻す、かけがえのない時間であった。

古事記研究の出発

そういった中で宣長は古代への理解を深め、自らの古代学の方法を鍛えていった。そのような学問的訓練を経て、宣長は古事記研究へと歩を進めることになる。定説では明和四年に執筆を開始したと言われている。宣長のことであるから、周到に準備し、さまざまな障害をあらかじめ排除して事に当たったと思われる。たとえば、それは古事記冒頭の一節の訓《よ》みを見れば十分である。古事記の表記は「天地初発之時」である。さて、これをどう訓読するか。

それまで「天地《あめつち》の初《はじ》めて発《ひら》くるの時《とき》」（度会延佳《わたらいのぶよし》校訂本）などと訓まれていた。宣長はここで立ち止まってしまった。そもそも古事記が書き留められたのは当時の書記言語であった漢文であるが、書き留められるまでは口承で語り伝えられていたはずである。口承の段階からこのようなものであったとは到底思えない。記される時に漢文に翻訳されたはずだ。そうであれば、書かれた本文を漢文の訓読法に従って訓むことは無意味なことではないか。そのような宣長の素朴な疑問は、漢文で記された古事記本文が書き留められる前の状態を夢想することに向かった。そこから失われた「日本語《やまとことば》」を探し求める旅が始まった。ここでは「天地」と「初発」について見てみたい。

「天地」はアメツチと訓む

まず、「天地」はどう訓むのがよいのか。テンチなどと訓むのはもってのほかである。それでは、これをアメツチと訓むのはどうか。それは定説であるが、従いがたい。そのことを宣長は『阿毎菟知弁《あめつちべん》』（宝暦十一年三月成）という著作の中で論じている。その冒頭に次のように記されている。

天‐地ヲ訓ジテ為二阿‐毎菟‐知一ト、非二ル古‐言一ニ也。地当ニシレ訓ズ二矩‐爾一ト也。（「天地」を訓じてアメツ

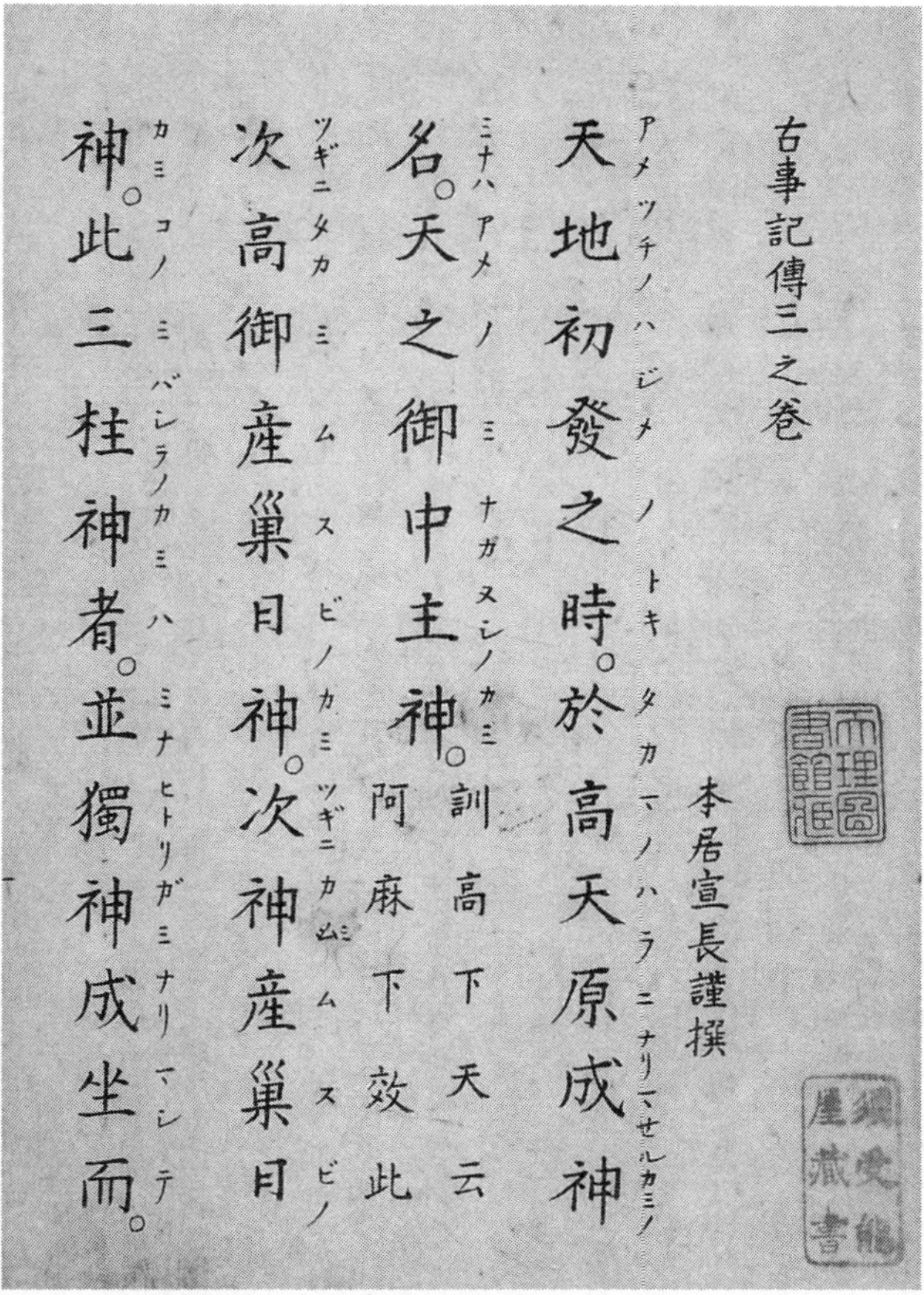
古事記傳三之巻
本居宣長謹撰
天地《アメツチノ》初發之《ハジメノ》時《トキ》。於高天原《タカマノハラニ》成神《ナリマセルカミノ》名《ミナハ》。天之御中主神《アメノミナカヌシノカミ》。訓高下天云阿麻下效此
次《ツギニ》高御産巣日神《タカミムスビノカミ》。次《ツギニ》神産巣日神《カムムスビノカミ》。此《コノ》三柱神者《ミバシラノカミハ》。並《ミナ》獨神《ヒトリガミ》成坐而《ナリマシテ》。

『古事記伝』再稿本（天理大学附属天理図書館蔵）

チとなすは、「古言」にあらざるなり。「地」はまさにクニと訓ずべし）

なぜアメツチが「古言」でないと言えるのか。それは日本書紀、旧事紀《くじき》、古事記などの古代文献には、アメに対してはツチではなくクニが対応しているというのである。天津罪《あまつつみ》に対する国津罪《くにつつみ》、天社《あまつやしろ》に対して国社《くにつやしろ》などである。そうであれば、アメツチではなく、アメクニと訓むのが正しいのではないか。そのようなことを逡巡《しゅんじゅん》していた折も折、真淵と邂逅《かいこう》したのである。しばらくして文通指導を受けるようになり、宣長は真淵に自説を投げかけた。真淵からは丁寧な返事が返ってきた。『久爾都知考《くにつちこう》』（明和二年十一月）である。後に『古事記伝』に引かれた最初の箇所をあげる。

久爾《クニ》と云《フ》名は限《カギリ》の意なり。東国にて垣《カキ》を久爾《クネ》と云《フ》にて知《ル》べし。さて都知《ツチ》とは、皇祖神《カミロギ》の天《ノ》沼矛《ヌボコ》以てかきなし賜へりし始《メ》を以名《テナヅ》けたるなり。かゝれば地《ツチ》は天と等《ヒト》しく広く、国《クニ》は限《リ》あれば狭きに似たり。故《レ》阿米都知《アメツチ》とは云《ヘ》ど、阿米久爾《アメクニ》とは上代には云《ハ》ざりしなるべし。

――クニという名称は限りという意味である。東国で垣根をクネということでわかる。そしてツチとは伊邪那岐《いざなぎ》が天の沼矛《ぬぼこ》によってかき混ぜなさったはじめによって名付けたのである。だからツチは天と同じで広く、クニは限りがあるので狭い、という。それゆえアメツチとはいうけれども、アメクニとは上代にはいわなかったのであろう。

クニとツチの使い分けについて、クニは狭く、ツチは広いという。それゆえ、アメに対するのはツチであるというのである。むろんこの後には広狭であるわけを論証し、その用例を用いて実証するという方法を取っている。宣長は真淵のこの考えを受け入れ、アメツチと訓むことを決断したのである。このような驚くべき厳密な考証を経て、アメツチの訓にたどり着いた。そして、ツチについて次のように語義を説明する。

都知《ツチ》とは、もと泥土《ヒヂ》の堅《カタ》まりて、国土《クニ》と成《ナ》れるより云《いへ》る名なる故に、小《チヒサ》くも大《オホ》きにも言《イヘ》り。小《チヒサ》くはたゞ一撮《ヒトツマミ》の土《ツチ》をも云《ヒ》、又広く海に対《ムカ》へて陸地《クヌガ》をも云《フ》を、天《アメ》に対《ムカ》へて天地《アメツチ》と云ときは、なほ大きにして、海をも包《カネ》たり。

——ツチとは、もともと泥土が固まって国土になったことから言った名称であるから、小さいのにも大きいのにもいう。小さいのはただ一つまみの土をいい、また広く海に対しては陸地をもいうが、天に対して、天地という時は、なお大きいものであって海も含んでいる。

ツチの語義とそこから派生する用法について、真淵の説に基づきながら、これを展開している。『古事記伝』には「師説」が少なからず記されているが、それは真淵の刊行された著作からの引用もあれば、貸与された写本や添削指導を受けた書面から引用することもあった。『古事記伝』の成果は真淵抜きで語ることができない所以《ゆえん》である。

「初発」はハジメと訓む

次に、「初発」の訓みである。先に引用した度会本では「初《ハジ》めて発《ヒラ》くる」と訓まれていた。宣長はこれをハジメと訓み替えた。ここは宣長の言語観が端的に表れているところであると言ってよい。まず、「初《ハジ》めて発《ヒラ》くる」を採らない理由を次のようにいう。

> 初発を、ハジメテヒラクルと訓《よめ》るはひがことなり。其《ソ》はいはゆる開闢《カイビヤク》の意に思ひ混《マガ》へつる物ぞ。抑《そもそも》天地のひらくと云《フ》は、漢籍言《カラブミゴト》にして、此間《ココ》の古言に非《あら》ず。上《ツ》代には、戸《ト》などをこそひらくとはいへ、其余《ソノホカ》は花などもさくとのみ云て、上《ツ》代にはひらくとは云《ハ》ざりき。されば万葉の歌などにも、天地のわかれし時とよめるはあれども、ひらけし時とよめるは、一つも無きをや。

――初発をハジメテヒラクルと訓読するのは間違っている。それはいわゆる開闢《かいびゃく》の意と混同しているのだ。そもそも天地がひらくというのは、漢籍の言葉であって、日本の古語ではない。上代には、戸などを開くとはいうけれども、その他は花なども咲くとばかりいって、上代にはひらくとはいわなかった。だから万葉集の歌などにも、「天地のわかれし時」と詠んだ例はあるけれども、「ひらけし時」と詠んだ例は一つもないよ。

天地が「ひらく」というのは漢籍の用法であって、日本では使わない。天地開闢という意味に取り違えているのだ。戸がひらくとはいうが、花がひらくともいわない。万葉集にもそのような用例はない。したがって、「初《ハジ》めて発《ヒラ》くる」とは訓まないというのである。たしかに、この議論は「ひらく」と訓まない理由の説明としては十分である。用例が見出せないものを採用できないからである。しかしながら、引用文にも例示しているように、「天地のわかれし時」という訓みを排除することにはなっていない。つまり、それが「はじめ」と訓む理由の説明にはなっていないのである。

宣長が「初発」を「はじめ」と訓む理由は、以下の三点に要約できる。

A、万葉集、日本書紀に用例がある。

B、古来「初発」を「はじめ」の意で用いていたと考えられる。

C、「此世の初」の意であって、「天と地との成れる初」の意ではない。

Aは同時代文献に用例を求め、その用例を根拠とする手法で、契沖に学んだ文献実証主義がこのような形で生きている。Bは当時の大和言葉「はじめ」を書き取る際に「初発」という漢語を用いたとする類推である。それは「初発」に相当する大和言葉がほかに見当たらない以上、近似的に結び付けざるを得ないわけである。Cは古事記の文脈理解によるものである。つまり、「天と地との成れる初」は「浮脂《うきあぶら》」の比喩で表現される次の文章であって、冒頭の文は世界の初めを一般的に言う表現であるというのである。詳細に後述することを先取りして述べることはないというわけである。

以上のことを根拠にして、「初発」を「はじめ」と訓むと結論付けるのである。これは先にも述べたように、古事記を訓読する作業ではなく、古事記に翻訳される前の口承で伝わっていた原・古事記を復元する作業であり、失われた大和言葉を取り戻す作業でもあった。こうして宣長は真淵から授かった古代研究の方法を駆使して『古事記伝』執筆への道を歩み始めることになるのである。

古風歌を詠む

さて、宣長が真淵から受けた二つ目の薫陶に話を移そう。それは古風（万葉風）の歌を詠むという詠歌指導である。真淵は古代研究をすることと古風歌を詠むことは車の両輪であると考えた。古代語の研究をしなければ古風歌を詠むことはできないし、古風歌を詠まなければ本当の意味で古代研究は身に付かない。つまり、どちらが欠けても車は動かないわけである。そういう意味で、真淵の和歌観と研究対象は完全に一致している。一方、真淵と出会うまでの宣長は、必ずしも和歌観と研究対象が一致していたわけではなかった。むろんそのことを宣長も認識していた。『排蘆小船《あしわけおぶね》』の中で次のように述べている。

歌学のためには万葉第一なれど、詠歌のたづきには三代集には及ばぬ也《なり》。万葉をまねてよまむとするは大なるひが事也。三代集をずいぶんまねてよみつくれば、当世てうどよき歌になる也。

――歌学のためには万葉集は一番であるけれども、歌を詠む手がかりとしては三代集には及ばない。万葉集の真似《まね》をして詠もうとするのは大きな間違いである。三代集を相応に真似て詠むと、今の世ではちょうどよい歌になるのである。

すでに契沖学の影響を受けて万葉研究にいそしんでいた宣長は、歌学として万葉を学ぶことは重視するが、詠歌の手本としては三代集には及ばないという。三代集とは古今集、後撰集、拾遺集という勅撰集である。万葉集をまねて歌を詠むことは大変な間違いであると主張している。要するに、宣長にとって研究としての「歌学」と実践としての「詠歌」が分裂しているわけである。

このように「歌学」と「詠歌」の間に矛盾を抱えていた宣長は、真淵と出会い、真淵学の薫陶を受けてどうなったのか。「松坂の一夜」の翌月、宝暦十三年（一七六三）六月に宣長は「古体」の歌をはじめて詠んだのである。春、夏、秋、冬、旅、恋の部立てに分けて、計十一首の歌を詠んでいる。その中で恋の歌三首を引用することにしよう。

秋の夜の嵐を寒み菅の根のねもころ妹《いも》に恋ひや明かさむ
うつせみのよの人言《ごと》はしげくともあれは見にこむ妹があたりを
年月におもほゆるかも白妙の袖の別れは遠からなくに

万葉集の代表的技法である枕詞を念入りに配置し、「あれ」や「なくに」などといった語彙をちりばめて歌を構成している。このような詠歌群を真淵に書き送っている。なお、「秋の夜の」の歌は「ぬば玉の夜風をさむみ」と推敲《すいこう》している。真淵に提出する際に「ぬば玉の」という枕詞を加えたことからも、宣長の「古体」に対する認識をうかがうことができる。ところが、この歌群を受け取った真淵は、次のような総評を付して宣長に返却した。

ことわりもことばもさる事なれど、調べぞわろき。人まろ、あか人など、又は作者不知にも、いとこそよろしき調はあれ。万葉はえらみてとる事也《なり》。鎌倉公のとられしこそよけれ。

――理屈も言葉ももっともであるが、調べが悪い。柿本人麻呂《かきのもとのひとまろ》や山辺赤人《やまべのあかひと》、あるいは読み人知らずの歌に調べのよい歌が含まれている。そのような調べのよい歌を選んで倣うのがよい。実朝《さねとも》が万葉集から取られたものがよい。

理屈も言葉ももっともであるが、調べが悪い。柿本人麻呂や山辺赤人、あるいは読み人知らずの歌に調べのよい歌が含まれている。そのような調べのよい歌を選んで倣うのがよいと指導している。万葉取りの手本として真淵が名をあげた「鎌倉公」とは、鎌倉幕府三代将軍源実朝のことである。実朝は『金槐《きんかい》和歌集』（鎌倉右大臣家集）という家集を残している。真淵が実朝歌の中で理想的な万葉取りをしていると考えた歌を一首あげておこう。

この寝ぬる朝けの風にかをるなり軒端の梅の春のはつ花　（春・三五）

この歌は「秋立ちていくかもあらねばこの寝ぬる朝けの風はたもと寒しも」（万葉集・巻八・安貴王《あきおう》）を踏まえて詠まれたものである。万葉歌の三四句を初二句に取りなし、季節を秋から春に変えている。典型的な本歌取りの手法と言ってよい。真淵は実朝の歌について「末をいひながされたるが高き也」（金槐集書入）と評している。つまり、下句の処理がうまく、調べの高い歌に仕上がっているというのである。真淵はこのような実朝の万葉取りの手法を理想と考えた。

真淵と宣長のずれ

そのような真淵の教えは宣長に伝わったのか。宣長はさきの添削を受け取った二ヶ月後には『鎌倉右大臣家集』を購入している。つまり、師が示した参考文献をすぐに入手したのである。このことから、真淵の指導に従おうとする宣長の努力を見て取ることができよう。

しかしながら、努力と成果は必ずしも一致するものではない。何事も頑張れば報われる、というわけではないのである。宣長はせっせと「古体」の歌を詠んで送っても、真淵からは「何とやらん後世風の調をはなれぬ様也」といった評や、「理はさる事にてしらべ下りければ、又常の歌也」などといった批判が返ってくるばかりであった。宣長は煩悶《はんもん》したに違いない。それではどうすればいいというのか。そこで、宣長は「古体」にこだわらず、詠みなれた後世風の歌を送ってみた。すると、真淵からは激越なコメントを付した添削が送り返されてきたのである。その末尾には次のような評が書かれていた。

いひなし、はいかい也《なり》。恋などは艶にあはれにこそいはめ、是《これ》は新古今のよき歌はおきて、中にわろきをまねんとして、終《つひ》に後世の連歌よりもわろくなりし也。右の歌ども一つもおのがとるべきはなし。是を好み給《たま》ふならば、万葉の御問も止《やめ》給へ。かくては万葉は何の用にたゝぬ事也。

――表現が「俳諧」である。恋などは妖艶で哀れに詠むものなのに、これは新古今集のよい歌は外して、その中の悪い歌を真似ようとして、遂には後世の連歌よりも悪くなってしまったのである。右の歌は私が良しとする歌は一つもない。このようなものをお好みになるのであれば、万葉集に関する質問も止めなさい。こんなことでは万葉集は何の役にも立たない。

春、夏、秋、冬、恋にわたる全十五首の総評が「はいかい」（俳諧）である。もちろんそれはジャンルとしての「俳諧」ではなく、滑稽や諧謔《かいぎゃく》を意味する。つまり、通俗的で下品だというのである。新古今集の中の悪い歌のまねをして、後世の連歌よりも劣る調べに落ちた。一首も私が認める歌はない。このような歌を好んで詠むのなら、万葉集の質疑応答はやっても無駄だ。何の役にも立たないというわけである。このような辛辣《しんらつ》な批判は宣長の心に届いたのか。

　真淵にとって歌学と詠歌はコインの表裏の関係である。それゆえ、古学を修めるからには古歌（万葉風）を詠まねばならない。一方の宣長は、それはそれ、これはこれ、であった。真淵の指導を受けて「古体」を詠むことをおぼえたが、それと並行して後世風の歌を生涯にわたって詠み続けた。第一章で見たように、宣長が確立したのは古風後世風詠み分け主義である。この風変わりな歌論は、真淵の古風歌指導と自らの美意識に折り合いを付けるべく構想された折衷案であった。真淵はこれを絶対に許さないであろうが、宣長にとっては真淵の教えに忠実に従った結果である。おそろしく奇妙な歌論が生み出される背景には、師弟の確執とすれ違いが存在したのである。

春庭誕生

　さて、「松坂の一夜」の行われた宝暦十三年は、宣長の人生にとって確実にターニング・ポイントだった。真淵との出会い以外にも、重要な出来事が起きた。まず、二月三日には長男健蔵《けんぞう》が誕生した。健蔵は後に春庭《はるにわ》と改名する。後鈴屋《のちのすずのや》と称して松坂本居家を継いだ国学者である。春庭の事跡は第七章で詳しく見るが、春庭の誕生は本居家にとって福音であった。それが「松坂の一夜」の年であったことは奇縁と言うほかはない。宣長の学問だけでなく、本居家においても瑞祥《ずいしょう》がもたらされたのである。

二、「物のあはれを知る」説の提唱

「物のあはれ」とは何か

「松坂の一夜」の二週間後、国文学界にとって画期的な業績が世に誕生した。宣長が『紫文《しぶん》要領《ようりょう》』を擱筆《かくひつ》したのである。『紫文要領』とは源氏物語の評論であり、「物のあはれを知る」説をはじめて公にしたものだ。「物のあはれを知る」説とは何なのか。和辻哲郎《わつじてつろう》はこれを実に的確に要約している（『日本精神史研究』）。

「もののあはれ」を文学の本意として力説したのは、本居宣長の功績の一つである。彼は平安朝の文学、特に源氏物語の理解によつて、この思想に到達した。文学は道徳的教誡《きょうかい》を目的とするものでない、また深遠なる哲理を説くものでもない、功利的な手段としてはそれは何の役にも立たぬ、たゞ「もののあはれ」をうつせばその能事は終るのである、しかしそこに文学の独立があり価値がある。このことを儒教全盛の時代に、即《すなは》ち文学を道徳と政治の手段として以上に価値づけなかつた時代に、力強く彼が主張したことは、日本思想史上の画期的な出来事と云はなくてはならぬ。

補足説明の必要もない、およそ無駄のない解説である。宣長の思いをこれほど適切に、しかも簡潔に叙述する解説はほかにない。この解説を手がかりに『紫文要領』に即して「物のあはれを知る」説を概観してみよう。

「物のあはれ」と恋愛

宣長は「物のあはれ」を男女の恋愛と不可分の関係にあると考え、次のように説明している。

たとへば人のむすめに心をかけて、ねんごろに懸想《けそう》する人あらんに、其男《その》いみじく恋ひ慕ふて、命も堪へがたく思ひて、其よしをいひやりたらむに、かの女、その男の心を哀と思ひて、父母に隠れてひそかに逢《あ》ふ事あらん。これを論ずるに、男のかの女のらうたき形を恋しと思ふは、物の心を知り、物の哀を知る也《なり》。いかにとなれば、かたちのよきを見てよきと思ふは、是《これ》物の心を知る也。又女の心に男の心ざしを哀と思ひ知るは、もとより物の哀を知る也。

——たとえば、人の娘に思いを寄せて真剣に恋い慕う人がある時に、その男がたいそう恋い慕って命も尽きてしまうほどに思って、そのことを伝えた時に、その女がその男の心を哀れと思って、父母に隠れて密《ひそ》かに逢《あ》うことがあるとする。これを論ずれば、男がその女の愛らしい姿を恋しいと思うのは、物の心を知り、物の哀れを知ることである。どうしてかというと、容姿の美しい女を見て美しいと思うのは、これは物の心を知ることである。また、女が男の思いを哀れと思い知るのは、もとより物の哀れを知ることである。

男が女に恋をしたとき、そのやむにやまれぬ思いのたけを女に打ち明ける。女もまた男の切なる思いに心動き、密会するようになる。男は女の容姿端麗に心ときめき、女は男の志にほだされて恋に落ちる。そこには世間の常識や道徳といった規範が入り込む余地はない。そのようなひたむきな恋が源氏物語に書かれているというのである。そうして、そのような恋をすることが「物の哀を知る」ことであるというのである。ここには近代的としか言いようのない恋愛観がある。それは江戸時代のリアルタイムにおいて、儒教や仏教が規定する倫理道徳によって禁止されていたからである。儒教には勧善懲悪説というものがあった。儒教道徳に沿った良い行いは善として勧め、悪い行いはこれを悪として懲らしめるというものだ。夫のある女性に懸想《けそう》した源氏は、人倫道徳にもとるものとして、好色の戒めにしたという。

また、仏教には因果応報説というものがあった。源氏が藤壺《ふじつぼ》との密通によって冷泉帝が生まれたことが種子《たね》となって、やがて女三《さん》の宮《みや》を柏木《かしわぎ》に寝取られるという結果を招いたと解釈するのである。善因善果あるいは悪因悪果という道徳である。また、狂言綺語《きょうげんきご》観というものもあった。それは文学を道理に背いた言葉や飾り立てた言葉ととらえ、仏道に反する行為とされた。

このように物語は儒教や仏教による戒めのためにあるという考え方は、当時においては前提や常識であって、これを疑う者はいなかった。それゆえ宣長がそれらを真っ向から批判したのは画期的なことであったといえる。もちろん宣長は儒仏の戒めそのものを否定しているわけではない。それは生きていく上で必要なものであると認めている。宣長はそのことを花と薪《たきぎ》の比喩によって説明している。物語を教戒として読むのは、花をめでるために植えてあった桜を生活のために切って薪にするようなものである、というのである。たしかに薪は日常生活の上で必要ではあるが、よりによって桜でなくてもよいだろう。薪にする木はほかにいくらでもある。それに対して、桜は花をめでるのにもっとも適した花だからである。この卓抜な比喩によって明らかなように、物語は「物のあはれを知る」ために書かれたものだというのである。物語を桜に喩《たと》えたのは宣長による最高の褒め言葉である。終生桜を愛したように、宣長は源氏物語を溺愛した。儒仏の教戒説によって、源氏を薪にしてはいけない。「物のあはれを知る」説は、儒仏の教戒説を排斥することとセットで考え出された仮説だった。

なお、「物のあはれを知る」説が生み出された経緯に関して、興味深い説がある。そもそも宣長は源氏物語を論じる際に、儒教や仏教といった同時代イデオロギーを批判しつつ、どうしてこれほどまでにせつない恋にこだわったのか。大野《おおの》晋《すすむ》によれば、宣長は先妻と離縁して友人の妹を後妻に迎えたという事実があり、この実体験が「物のあはれを知る」説の成立に深く関わっているというのである。たしかに宣長が恋を語る時の熱い口吻《こうふん》は、やむにやまれぬ恋を実感した時のものである。その時に抱いた心の動きを理論化したのが「物のあはれを知る」説であるというわけである。この仮説を実証するのは容易ではないし、構築された理論を実人生に即応させることには慎重になるべきではあるが、魅力的な説であると言ってよかろう。

認識論として

宣長は「物のあはれを知る」説について繰り返し説明したあとで、次のように述べている。

大よそ此《この》物語五十四帖は、物のあはれを知るといふ一言にてつきぬべし。その物の哀といふ事の味は、右にも段々いふごとく也《なり》。猶《なほ》くはしくいはば、世中にありとしある事のさま〳〵を、目に見るにつけ耳にきくにつけ、身にふるゝにつけて、其《その》よろづの事を心にあぢはへて、そのよろづの事の心をわが心にわきまへ知る、是《これ》事の心を知る也、物の心を知る也、物の哀を知る也。其中にも猶くはしくわけていはば、わきまへ知る所は、物の心事の心を知るといふもの也。わきまへ知りて、其しなにしたがひて感ずる所が物のあはれ也。

——総じて源氏物語五十四帖は、物の哀れを知るという一語に尽きるのだ。その物の哀れということの中身は、縷々《るる》述べたようなものである。さらに詳しく言うと、世の中のありとあらゆる事柄を目で見るにつけ、耳で聞くにつけ、身に触れるにつけて、そのすべての事柄を心に翫味《がんみ》して、そのすべての事柄の本質をわが心に刻みつけること、それが事の心を知ることであり、物の心を知ることであり、物の哀れを知ることである。その中でも、さらに詳しく整理して言うと、よく理解するところは、物の心や事の心を知るというものである。そのわけをよく理解して、その種類に応じて感じるところが物の哀れである。

源氏物語五十四帖は「物のあはれを知る」という一語に尽きるという。それは世の中にあるすべての事柄が五感で感じ取られ、心に刻みつけられる、あらゆる物事の本質を体得するということであるという。ここで重要なのは、「わきまへ知る」（理解）ことの後に「感ずる」（感動）ことが発生するというメカニズムである。宣長は「物のあはれを知る」ことをめぐって、感動という心の情的側面だけでなく、理解という心の知的側面を明確に指摘した。この学説を「物のあはれ」論ではなく、「物のあはれを知る」説と呼ばなければならない理由がここにある。人の心の中で起きることは、「わきまへ知る」というフィルターを通過しなければ、認識されないということだ。宣長はそのことを満開の桜を見て美しいと思う心のメカニズムに即して説明する。つまり、桜が今を盛りと咲いている様子を知覚し、そこに美しい桜があるということを認識することによって、「めでたき花かな」と思う心が生じるというのである。極めて単純に図式化すれば、目→頭→心という情報伝達の中に「物のあはれを知る」という作用が発動するというのである。このように「物のあはれを知る」説は情緒や情動といった感情だけでなく、認知や認識といった知性が大きく与《あずか》っているということを指摘したことは重要であろう。

共感として

宣長は桜の美の認識システムを例示した後で、もう一つの具体例をあげて「物のあはれを知る」説の意味を説明している。

又人のおもきうれへにあひて、いたくかなしむを見聞《きき》て、さこそかなしからめとをしはかるは、かなしかるべき事を知るゆへ也《なり》。是《これ》事の心を知る也。そのかなしかるべき事の心を知りて、さこそかなしからむと、わが心にもをしはかりて感ずるが物の哀也。そのかなしかるべきいはれを知るときは、感ぜじと思ひけちても、自然としのびがたき心有《あり》て、いやとも感ぜねばならぬやうになる、是人情也。

——また人が重い辛苦に出会ってたいそう悲しむのを見たり聞いたりして、さぞや悲しいことだろうと推し量るのは、悲しいはずのことを知るからである。これは事の本質を知るということである。その悲しいはずのことの本質を知って、さぞ悲しいことだろうと、自分の心にも推し量って心動くのが物の哀れである。その悲しいことの機縁を知る時には、心動くまいと思わないようにしても、自然と我慢できない心があって、否応なく共感せずにはいられないようになる。これが人情というものだ。

他人がとてもつらいことに遭遇してひどく悲しむのを見聞きして、さぞ悲しいことであろうと推量するのは、悲しいに違いないことを理解するからである。これは事態の本質を理解することである。その悲しい事柄の本質を理解して、さぞ悲しいであろうと、自分の心の中でも推量して感慨を抱くのが「物のあはれ」である。その悲しみの拠《よ》って立つ理由を理解する時には、感ずるまいと気持ちを抑えつけても、自然と我慢できない気持ちがあって、否応なく感ぜざるを得なくなる、というのが人情である。このように自分の事柄だけでなく、他人の感情と同化することもまた「物のあはれを知る」ことだというのである。このことは他人に対して同情したり、他人の感情に共感をおぼえたりといったことも含意しているわけである。

物語論として

宣長は『紫文要領』を結ぶにあたって、次のような奥書《おくがき》を記している。

右紫文要領上下二巻は、としごろ丸《まろ》が心に思ひよりて、此《この》物語をくりかへし心をひそめてよみつゝかむがへいだせる所にして、全く師伝のおもむきにあらず。又諸抄の説と雲泥の相違也《なり》。見む人あやしむ事なかれ。よく〳〵心をつけて物語の本意をあぢはひ、此《この》草子と引合《ひき》せかむがへて、丸がいふ所の是非をさだむべし。必《かならず》人をもて言をすつる事なかれ。かつ又文章かきざまはなはだみだり也。草稿なる故にかへりみざる故也。かさねて繕写するをまつべし。是《これ》又言をもて人をすつる事なからん事をあふぐ。ときに宝暦十三年六月七日

——この『紫文要領』上下二巻は、長年私が心に思いついて、源氏物語を繰り返し気を落ち着かせて読みながら考え出したところであって、全く師説の趣ではない。また諸注釈の説とは雲泥の違いである。これを読む人は怪しまないでほしい。よくよく気をつけて物語の本意を味わい、この冊子と照合して考えて、私がいうところの是非を定めてほしい。必ずしも無名であるからといって文章を捨てないでほしい。その上文章表現は下手《へた》である。下書きなので推敲をしていないからである。清書するのを待ってほしい。これはまた、文章によって私の説を捨てないことを望む。

「師伝」とはまったく違ったものであり、先行注釈とは「雲泥の相違」であるというのである。ここでいう「師伝」とは具体的な師匠を指すわけではなく、諸先達の説を意味すると考

えるのがよかろう。また、「雲泥の相違」とは謙遜の表現に聞こえるが、そのような見方は表面的すぎる。ここに書かれていることを額面通りに受け取ることはできない。ここは自説に対する自信と矜持《きょうじ》に満ちている。怪しむなという禁止や是非を定めよという命令は、とめどなくあふれる思いの発露である。世間的にはまったく無名な者に過ぎないが、ここに書いたことは人を驚愕《きょうがく》させるはずである、という自信の裏付けがある。根拠のない自信と人は言うかもしれない。だが、もともと自信とはそのようなものだ。宣長には筆一本で勝負する度胸と覚悟があった。『紫文要領』は宣長にとって最初の自信作となる作品だった。

歌論として

『紫文要領』は「物のあはれを知る」説を源氏物語に適用した物語評論であったが、これを和歌に適用したものが『石上私淑言《いそのかみささめごと》』である。『石上私淑言』は宝暦十三年の年末までに成立していたとするのが定説である。そこでは和歌の定義から和歌の起源、あるいは和歌の効用など、およそ和歌に関わるさまざまな事柄が論じられているが、そのなかでも和歌における「物のあはれを知る」説を展開していることが注目に値する。「そも此歌てふ物は、いかなる事によりていでくる物ぞ」という詠歌の原理に関する問いに対して、「こたへていはく、歌は物のあはれをしるよりいでくるものなり」ときっぱりと述べている。歌を詠む理由は

「物のあはれを知る」ことであるといふわけである。
それでは一体「物のあはれを知る」とはいかなることか。宣長は古今集仮名序から説きおこし、歌に「あはれ」を含む用例を掲出して、その内実を解説する。その中で「物のあはれを知る」説の詠歌における機能を述べる。

たとへば、うれしかるべき事にあひて、うれしく思ふは、そのうれしかるべき事の心をわきまへしる故にうれしき也《なり》。又かなしかるべき事にあひて、かなしく思ふは、そのかなしかるべきことの心をわきまへしる故にかなしき也。されば事にふれてそのうれしくかなしき事の心をわきまへしるを、物のあはれをしるといふ也。その事の心をしらぬときは、うれしき事もなく、かなしき事もなければ、心に思ふ事なし。思ふ事なくては、歌はいでこぬ也。しかるを生《いき》としいける物はみな、ほど〳〵につけて、事の心をわきまへしる故に、うれしき事も有《あり》、かなしき事もある故に歌有也。

――たとえば、うれしいはずのことにあってうれしく思うのは、そのうれしいはずのことの意味をわきまえ知るからうれしいのである。また悲しいはずのことにあって悲しく思うのは、その悲しいはずのことの意味をわきまえ知るから悲しいのである。それゆえ事に触れてうれしく悲しいことの意味をわきまえ知るのが物の哀れを知るということである。そのことの意味を知らない時は、うれしいこともなく、悲しいこともないから、心に思うこともない。思うことがなければ歌は生まれないのである。しかし、生きているものはみな、それぞれの分に応じて事の意味をわきまえ知るものであるから、うれしいこともあり、悲しいこともある。だから歌があるのである。

うれしいことや悲しいことは、その情意を催す対象に遭遇し、これを認識することによって生じるものである。その情意の本質を理解することを「物のあはれを知る」という。それとは逆に、その情意の本質を理解しなければ、うれしいこともかなしいこともないから、心に思うこともない。心に思うことがないゆえに、歌は生まれない。歌が生まれるのは、情意の本質を理解すること、すなわち「物のあはれを知る」ことができるからであるという。このように歌を詠むことと「物のあはれを知る」ことは不可分の関係であることが、『石上私淑言』の中でさまざまに論じられているのである。「物のあはれを知る」説は物語と和歌の双方の原理を説明する文学論として、宝暦十三年という年に執筆された。宣長の後半生に深く関わる出来事が起きた年、宝暦十三年は奇跡の年と言うことができよう。

三、処女出版と真淵の手紙

『草庵集玉箒』の出版

ところで、真淵の指導を仰いで五年が経過した明和五年（一七六八）五月、宣長は『草庵《そうあん》集玉箒《しゅうたまははき》』を出版した。時に三十九歳、宣長にとって処女出版である。草庵集は中世歌人頓《とん》阿《あ》の家集であるが、宣長は頓阿の歌を好んだ。『排蘆小船《あしわけおぶね》』には「頓阿は名人なれば、実に風体のよしあしをわきまへていはれしゆへに、自分の歌みな正風也」と絶賛しており、『うひ山ぶみ』には「頓阿ほふしの草庵集といふ物などを、会席などにもたづさへ持て、題よみのしるべとすることとなるが、いかにもこれよき手本也」として初学者がこれを携帯することを奨励している。つまり、宣長は終生頓阿の歌を詠歌の手本と考えたわけである。このことは前章でも触れたように、宣長が二条派地下《じけ》歌人として生きた証拠である。そういう意味で、宣長が『草庵集玉箒』を出版したのは当然の成り行きであった。

ところが、そのことは真淵にとって聞き捨てならぬ出来事だった。真淵は宣長に古風（万葉風）の歌を詠むことをやっとのことで教え込んだと思った矢先、これとは正反対の中世和歌である頓阿の歌集の注釈を宣長が出版したからである。真淵は怒りの手紙を送った。次のような文面である。

拙門ニ而《て》ハ源氏迄《まで》を見セ候《さうらひ》て、其《その》外ハ諸記録今昔物語などの類ハ見セ、後世の歌書ハ禁じ候へバ可否の論に不ㇾ及候。元来後世人の歌も学もわろきハ立所《たちどころ》の低けれバ也。（中略）已彫出《すでにほりいだ》されしハとてもかくても有《ある》べし。前に見セられし歌の低きハ、立所のひくき事今ぞ知られつ。頓阿など歌才有といへどかこみを出るほどの才なし。

——私の門弟には源氏物語までのものを読ませまして、その他は諸記録や今昔物語などの類は読ませるが、後世の歌書は読むことを禁じていますので、是非には及びません。もともと後世の人の詠歌も歌学もよくないのは、立脚点が低いからである。（中略）すでに出版されたのであれば、どうしようもありません。前にお見せになった歌がよくないのは、立脚点が低いからだと今わかった。頓阿などは歌才があるといわれるけれども、従来の壁を破るほどの才能はない。

真淵は門弟に見せるのは源氏物語や今昔物語までで、後世の歌書は見ることを禁じていた。だから草庵集の注釈なんかにコメントはしないよ、というわけである。出版してしまったものは仕方がないが、おまえの歌が下手なのは、こんなものを見ていたからなのだな。立っている所が低すぎるのだ、と怒りとも諦めともつかない言葉を並べ立てている。

それでも真淵の怒りは収まらず、数ヶ月後に異口同音の非難の手紙を宣長に送っている。宣長の学問を評価しているから、余計に我慢がならなかったのであろう。それから程なく真淵は鬼籍に入った。現存する宣長宛真淵書簡の最後のものである。さすがにこれには宣長も応えたようで、すでに出来ていた『続草庵集玉箒』を刊行することはできなかった。それから十七年後の天明《てんめい》六年（一七八六）秋、度重なる書肆《しょし》の要請によって『続草庵集玉箒』が出版された。宣長にとっては未刊のまま終わらせたかったのかもしれないが、『続草庵集玉箒』は思わぬ形で日の目を見ることになったのである。泉下の真淵はこのことをどのように思ったことであろうか。

かくして宣長の三十歳代は、「松坂の一夜」という一大イベントを挟んで大きく旋回していった。宣長の人生の折り返しを宝暦十三年とすれば、その年を含む三十歳代はヘアピンカーブのように急転回する波瀾万丈《はらんばんじょう》の歳月であったということができよう。

第四章　自省の歳月

一、宣長の自意識と「日本」

『直霊』とは何か

孔子は四十にして惑わずと言ったという。聖人君子は迷うことがないのであろう。普通はますます迷い道にはまるものだ。四十歳になったのだから、そろそろ迷わないような生き方をしたいものだ、というのが凡人の受けとり方である。自信と開き直りとがないまぜになった年代と言ってよかろう。孔子の言葉のせいかどうかは知らないが、程度の差こそあれ、人は四十歳になると自らの来し方を振り返るものである。振り返って、これからの行く末を考える。宣長の四十歳代はまさに自省の歳月であった。

宣長は『古事記伝』の執筆を始めてしばらくして、古事記に隠された古道論の本質に論及するようになる。そうして『直霊』を書き上げた。明和八年（一七七一）十月九日、宣長四十二歳のことである。『直霊』は「なほびのみたま」と読み、後には「直日霊」あるいは「直毘霊」と記され、『古事記伝』一之巻に置かれた総論である。直霊とは、古事記上巻で伊《い》邪那岐命《ざなぎのみこと》が伊邪那美命《いざなみのみこと》に会いに行って、黄泉国《よみのくに》から命からがら逃げ帰る際に、阿波岐原《あわぎがはら》で禊《みそぎ》をして穢《けが》れを祓《はら》う時に誕生した神、神直毘神《かみなおびのかみ》・大直毘神《おおなおびのかみ》の精神の意である。禍津日神《まがつびのかみ》の引き起こす悪事を祓い清める働きをする神である。『古事記伝』六之巻では「穢《キタナキ》より清《キヨキ》にうつる間《アヒダ》に成坐《なりませ》る神にして、直毘《ナホビ》とは、禍《マガ》を直したまふ御霊《ミタマ》の謂《イヒ》なり」と解説している。「直毘霊」の中では、漢籍の毒に当てられて日本の神の道を見失ってしまった者を正しく導くための精神という意味に転用している。つまり、『古事記伝』は日本の神の道を明らかにする書物というわけである。『古事記伝』の総論として記されたのが『直霊』であった。『直霊』は一筆書きで記されたわけではなく、度重なる推敲を経て完成したものである。残存する稿本を並べると次のようになる。

Ⅰ、初稿「道テフ物ノ論」（『古事記雑考』巻二所収、明和四年五月以前原形成立）
Ⅱ、再稿「道云事之論」（『古事記伝』再稿本所収、明和五年以降八年以前成立）
Ⅲ、三稿「直霊」（明和八年十月九日成立）
Ⅳ、刊本「直毘霊」（『古事記伝』刊本一之巻所収）

このように時間をかけながら、『古事記伝』本編の執筆と歩調を合わせるかのように、推敲を重ねて出来上がった。最終的に明和八年十月九日の識語《しきご》を有するが、それで完成形となったのではなく、出版されるまで彫琢《ちょうたく》が重ねられた。

古道論としての「直毘霊」

このように、てまとひまを掛けて仕上げられた「直毘霊《なおびのみたま》」には、「此篇《コノクダリ》は、道といふことの論《あげつら》ひなり」というサブタイトルが付いている。つまり、初稿「道テフ物ノ論」や再稿「道云事之論」の意図が復元したのである。ところが、この篇の冒頭の一文は次のようなものである。

皇大御国《スメラオホミクニ》は、掛《カケ》まくも可畏《カシコ》き神御祖天照大御神《カムミオヤアマテラスオホミカミ》の、御生坐《ミアレマセ》る大御国《オホミクニ》にして、大御神、大御手《オホミテ》に天《アマ》つ璽《シルシ》を捧持《ササゲモタ》して、万千秋《ヨロヅチアキ》の長秋《ナガアキ》に、吾御子《アガミコ》のしろしめさむ国なりと、ことよさし賜《タマ》へりしまに〳〵、天雲《アマグモ》のむかぶすかぎり、谷蟆《タニグク》のさわたるきはみ、皇御孫命《スメミマノ》の大御食国《オホミヲスクニ》とさだまりて、天下《アメノシタ》にはあらぶる神もなく、まつろはぬ人もなく、千万御世《チヨロヅミヨ》の御末《ミスヱ》の御代まで、天皇命《スメラミコト》はしも、大御神の御子《ミコ》とまし〳〵て、天《アマ》つ神の御心を大御心として、神代も今もへだてなく、神《カム》ながら安国《ヤスクニ》と、平《タヒラ》けく所知看《シロシメ》しける大御国になもありければ、古《へ》の大御世《オホミヨ》には、道《ミチ》といふ言挙《コトアゲ》もさらになかりき。

——日本は、口に出して言うのも畏《おそ》れ多い皇祖神天照大御神《あまてらすおおみかみ》がお生まれになった国であって、大御神が御手に三種の神器を捧《ささ》げてお持ちになって、千万年も永久にわが子孫の御統治なさるべき国であると、天孫瓊瓊杵命《ににぎのみこと》に御委任あそばされたまま、空の果て、地の果てまで大御神の御子孫が御統治なさる国と定まって、天下には乱暴を働く神もなく、恭順しない人もなく、千万代の末の御代までも、天皇は天照大御神の御子孫でいらっしゃって、天上の神の御心をそのまま御自身の御心として、神代も今も変わることなく、神代のままに安らかな国として、平和に御統治になってきた御国であったので、古代の御世には道という表現は全くなかった。

文頭の「皇大御国《スメラオホミクニ》」とは日本のことである。大げさな表現であるが、宣長にとって日本とは非常に大切な言葉であった。単に「皇国《ミクニ》」で済ますことはできないのである。日本とは、天照大御神が生まれた国であり、三種の神器を媒介にして大御神の子に統治を委任した国であり、その子孫である天皇が支配してきた国であるという。宣長にとって、神代から続く国の永続性が皇統の持続とともに重要なのである。要するに、古事記はそのような日本の始まりを記した作品である。その注釈書『古事記伝』総論の始まりは、「皇大御国《スメラオホミクニ》」でなければならなかった。

　少し後のことになるが、宣長は『国号考《こくごうこう》』（天明七年刊）という書物を著している。その中で諸文献を博捜し、日本の呼称の語義とその由来について、詳細に考証している。同書の中で宣長は日本の別称として、大八洲国《おおやしまぐに》、葦原中国《あしわらのなかつくに》（瑞穂国《みずほのくに》）、夜麻登《やまと》（秋津嶋師木嶋《あきつしましきしま》）、倭《わ》、和、日本（比能母登《ひのもと》）といった呼称を取り上げている。

　要するに、宣長にとって日本とは、通時的歴史的には神代から続く場所であり、共時的地理的には漢国を代表とする外国と隔絶された土地であった。国とは通常藩を意味するのが普通の時代にあって、日本についてこれほどまで深く考察をめぐらしているのは驚くべき

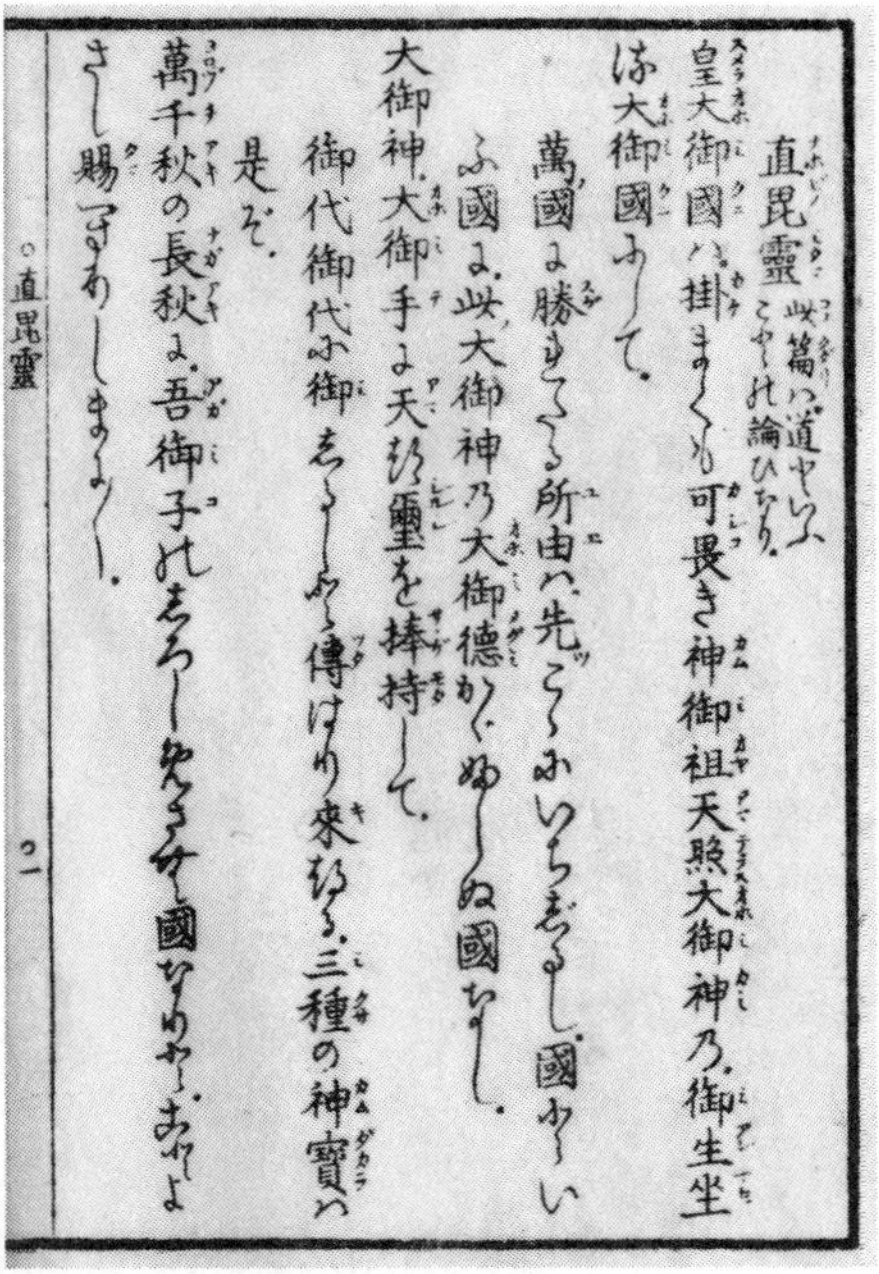
直毘霊　此篇ハ道といふことを論ひたるなり
皇大御國ハ。掛まくも可畏き神御祖天照大御神乃。御生坐る大御國にして。

萬國に勝れたる所由ハ。先こゝにいちじるし。國といふ國に。此大御神乃大御徳かゞふらぬ國なし。

大御神。大御手に天つ璽を捧持して。

御代御代に御しるしと傳はり來つる。三種の神寶ハ是ぞ。

萬千秋の長秋に。吾御子のしろしめさむ國なりと。ことよさし賜へりしまにまに。
○直毘霊　二

「直毘霊」冒頭（著者架蔵）

ことである。日本とは宣長の肥大化した自意識であると言うこともできよう。

古代に「道」はなかった

さて、「直毘霊《なおびのみたま》」の冒頭の一文はあまりにも長いセンテンスであるが、その文末に「道《ミチ》といふ言挙《コトアゲ》」がまったくなかったと断じていることは注目に値する。「道といふことの論《あげつら》ひ」を謳《うた》いながら、第一文からこれを真っ向から否定しているからである。これはどういうことか。矛盾ではないのか。注意しなければならないのは、「道」がなかったと書いているのではなく、「道といふ言挙」がなかったと記していることである。「言挙」というのは古事記や万葉集に出る語で、言葉に出すことを指す。つまり、「道」という概念がなかったのではなく、「道」という用語、あるいは「道」という表現がなかったというのである。微妙な違いではあるが、この違いは意外に大きい。

用語や表現はなかったのに、概念があったということを証明するのは並大抵のことではない。宣長はそのことを「実《マコト》は道あるが故に道てふ言《コト》なく、道てふことなけれど、道ありしなりけり」と注釈している。道という言葉はなかったけれども道の実体はあったとする後半はよいとして、道の実体があったがゆえに道という言葉がなかったという前半は詭弁《きべん》に聞こえる。なぜならば、言葉は概念を表現する器だからである。中身があったからこそ器がなかったとするのは、どう考えても無理があるからだ。「直毘霊」の難解さは第一文の壁を突破しなければ乗り越えることができない。

少し面倒なことになるが、実は「道」という用語（表現）は上代にもあった。だが、それは「物にゆく道」という意味で用いられていたという。すなわち、人が行き来し、車が往来する、通常の道路の意である。それでは、どういった意味の「道」がなかったと言いたかったのか。宣長は次のように続けている。

物のことわりあるべきすべ、万《ヨロヅ》の教《ヲシ》へごとをしも、何《ナニ》の道くれの道といふことは、異国《アダシクニ》のさだなり。

――物の道理のありようや、さまざまな教説を何の道、かにの道というのは、外国の沙汰である。

物の道理やさまざまな教訓を、日本で何くれの「道」と呼ぶことはないというのである。別のところで「仁義礼譲孝悌忠信」といった儒教の徳目を指すと述べている。要するに、「道」という用語（表現）が指す内容（概念）は道路の意であって、人倫道徳を指した例はないということを述べているのである。人倫道徳を指して「道」と呼ぶようになったのは、儒教や仏教が伝来してきた後だというのである。これでようやく第一文の難解さを解くことができた。

古代にも「道」はあった

しかしながら、神代の日本にも道という概念は確かにあった。そして、それは日本独特の道であり、「神道」がそれに相当するという。そのことを次のように説明している。

そも此《ノ》道は、いかなる道ぞと尋《タヅ》ぬるに、天地のおのづからなる道にもあらず、人の作れる道にもあらず。此《ノ》道はしも、可畏《カシコ》き高御産巣日《タカミムスビノ》神の御霊《ミタマ》によりて、神祖《カムロギ》伊邪那岐《イザナギノ》大神伊邪那美《イザナミノ》大神の始めたまひて、天照大御神の受《ウケ》たまひたもちたまひ、伝へ賜ふ道なり。故是以《カレココヲモテ》神の道とは申すぞかし。

——いったい、この道はどのような道であるかとたずねてみると、天地自然のままの道でもなく、人間が作為した道でもない。この道はおそれ多くも高御産巣日神《たかみむすびのかみ》の御霊力によって、神祖伊邪那岐《いざなぎ》、伊邪那美《いざなみ》の二神が創始されて、天照大御神が継承され、維持され、伝えられた道である。それゆえ神の道と申すのである。

日本に伝わる「道」とは「天地のおのづからなる道」ではない、という。それを自注では「漢国の老荘」と指摘している。つまり、老荘思想がいう天地自然の道を除外しているわけである。そして次に「人の作れる道」でもない、という。これは儒教が信奉する聖人の道、先王の道のことを指す。これもまた除外される。このように重層的に否定された上で、道の実体が明らかにされる。それは高御産巣日神の精霊により、伊邪那岐・伊邪那美が始め、天照大御神が受け、保ち、伝えた道であるというのである。そうやって連綿と続いてきた。宣長はこれを「神ながらの道」と称している。それでは、そのような道は当代に伝えられたのか。そこには神の道の伝来を阻害する障壁が存在すると宣長は考えた。それを次のように記している。

> さて其《その》道の意は、此記《ノフミ》をはじめ、もろ〳〵の古書《イニシヘブミ》どもをよく味《アヂハ》ひみれば、今もいとよくしらるゝを、世々のものしりびとどもの心も、みな禍津日《ノ》神にまじこりて、たゞからぶみにのみ惑《マド》ひて、思ひとおもひいひといふことは、みな仏《ホトケ》と漢《カラ》との意《ココロ》にして、まことの道のこゝろをば、えさとらずなもある。

――ところで、その道の精神は、古事記をはじめ、さまざまな古典籍をよく味わってみると、今でもよくわかるものなのに、世の識者たちの心も、禍津日神《まがつびのかみ》に魅入られて、ただ漢籍にばかり迷って、思うこと言うことはみな仏書と漢籍の精神であって、皇国の道の精神を理解できないでいる。

神の道は古事記をはじめとする古文献に書かれているので、それを詳細に見れば会得できるが、禍津日神の仕業によって阻害されているという。具体的には漢籍の悪しき癖、すなわち仏教と儒教の意（漢意《からごころ》）によって、皇国の神の道の真意を悟ることができていないというのである。この漢意の悪癖、さらにさかのぼれば禍津日神の悪行を阻止するのが直毘神《なおびのかみ》の力、つまり直毘霊《なおびのみたま》であるというわけである。宣長が『古事記伝』の総論として「直毘霊」を記した理由はこのようなところにあったと考えることができる。

唯一の自著講釈

なお、この「直毘霊」を門人たちの前で講釈するという授業をおこなっている。安永三年（一七七四）のことだ。十月十六日を初日に、二、六、十のつく日の夜を式日として、十一月三十日まで続いた。取り上げたテキストは『直霊』である。明和三年に始め、足かけ九年にわたった源氏物語の講義が全編通読を完了した六日後のことであった。自著を講読するとは一体どういうことなのか。自著の講釈は後にも先にもこの作品だけである。本書自体が日本を自意識の拡張として認識しているが、その著作を門人相手に解説するという行為は自己愛の発露と考えることができる。ギリシア神話で、ナルシスは水辺に映った自らの姿があまりにも美しいために、その場を離れることができず、ついに一本の水仙に姿を変えたという。自著を解説する宣長の姿から、日本と一体化する宣長の自意識を読み取ることができるのではないか。

二、自分探しの旅

出生の秘密

そのように宣長は相変わらず学問研究と詠歌、そして生業《なりわい》としての医業に精を出していたが、ある日思い立って吉野の花見に出かけた。明和九年（一七七二年、この年十一月十六日に安永に改元）三月五日のことである。同行は稲掛棟隆《いながけむねたか》（一七三〇～一八〇〇）をはじめ五名の門弟たち。十四日に帰郷するまでの十日足らずの旅であった。後に『菅笠日記《すががさのにき》』としてまとめられる旅日記はこの時のものだ。書名は吉野で詠まれた「脱ぐも惜し吉野の花の下風に吹かれきにける菅の小笠は」に拠る。旅の目的は吉野の花見と古跡の実地踏査などであったが、宣長にとってもっとも重要な課題は水分《みくまり》神社に参詣することであったと推定される。水分神社には因縁があった。『家のむかし物語』の中で宣長は次のように記している。

道樹《だうじゅ》君、嫡嗣《ちやくし》は道喜《だうき》君おはしけれども、なほみづからの子をも得まほしくおぼして、大和国吉野の水分《ミクマリノ》神は、世俗に、子守明神と申《シ》て、子をあたへて守り給《たま》ふ神也《なり》と申すによりて、此《この》神に祈り給ひて、もし男子を得しめ給はば、其《その》児十三になりなば、みづから率《ヰ》て詣て、かへり申《シ》し奉《たてまつ》らんといふ願をたて給へりしが、ほどなく恵勝大姉はらみ給ひて、享保十五年庚戌《かのえいぬ》の五月七日の夜子《ね》の時に、宣長を生《うみ》給ひぬ。

——父小津定利《さだとし》は嫡子は義兄定治《さだはる》がいらっしゃったけれども、やはり自分の子がほしいとお思いになって、大和国吉野の水分《みくまり》神社は俗に子守明神《こもりみょうじん》と申し上げて、子を授けて守りなさる神であるということによって、この神にお祈りになって、もし男子を得させていただいたならば、その子が十三歳になったならば、自ら率いて参詣し、お礼参りをしましょうという願をお立てになっていたが、間もなく母勝《かつ》が懐妊されて、享保十五年五月七日の夜子の刻に、宣長を出産なさった。

父母は義兄を養子としたが、自分の子供がほしくて水分神社に願を立てたという。水分社は世に子守明神と称して、祈ると子を授かる（身籠もる）という神社である。そこで父は祈願したところ、ほどなく母が懐妊して宣長が誕生したというのである。みずからの出生に深く関わる神なのである。九日の日に宣長は水分神社を訪れている。『菅笠日記』には次のようにある。

世尊寺《セソンジ》、ふるめかしき寺にて、大きなるふるき鐘など《ン》有《リ》。なほのぼりて、蔵王堂より十八町といふに、子守《コモリ》の神まします。此御《このみ》やしろは、よろづの所よりも、心いれてしづかに拝《ヲガ》み奉《たてまつ》る。さるはむかし我父なりける人、子《コ》もたらぬ事を、深くなげき給《たま》ひて、はるぐ〜とこの神にしも、ねぎ《禱》ことし給ひける、しるし有《あり》て、程もなく、母なりし人、たゞならずなり給ひしかば、かつぐ〜願《ネガ》ひかなひぬと、いみじう悦《ヨロコ》びて、同じくはをのこ《男子》ゞえさせ給へとなん、いよ〜〜深くねんじ奉り給ひける。われはさてうまれつる身ぞかし。

——世尊寺は古めかしい寺で、大きな古い鐘などがある。さらに登って蔵王堂から十八町の場所に子守の神があります。この社はどこよりも念入りに静かに拝み申し上げる。それというのも、昔、わが父が子ができないことを深くお嘆きになって、はるばるとこの神に祈願なさった。その甲斐《かい》あって、ほどなく母が懐妊されたので、願いがかなったとたいそう喜んで、同じことならば男児を授けてほしいと、いよいよ深く祈願し申し上げた。私はそうして生まれた身なのです。

先の『家のむかし物語』と同様に、宣長の誕生に際して水分神社に願掛けを行い、その結果として宣長が生まれたというのである。男子の誕生を祈願してそれがかなったのだ。宣長が他のところよりも気を入れて静かに礼拝したのは、みずからの出生の秘密に関わる場所だったからである。

三十年前の宿願

なお『菅笠日記』は続く。

> 十三になりなば、かならずみづからゐ《率》てまうでて、かへりまうしはせさせんと、のたまひわたりつる物を、今すこしえたへ《堪》給《たま》はで、わが十一といふになん、父はうせ給ひぬると、母なんもののついでごとにはのたまひいでて、涙おとし給ひし。かくて其《その》としにも成《なり》しかば、父のぐわん《願》はたさせんとて、かひ〴〵しう出《イデ》たゝせて、まうでさせ給ひしを、今はその人さへなくなり給ひにしかば、さながら夢のやうに、

思ひ出るそのかみ垣にたむけして麻《ヌサ》よりしげくちるなみだかな
袖もしぼりあへずなん。
――十三歳になったら、必ず私を連れて参詣してお礼参りをさせようと、言い続けていらっしゃったけれども、もう少し持ちこたえることがおできにならなくて、私が十一歳という年に父はお亡くなりになったと、母は事あるごとに何度も言い出しなさって、涙を落としなさった。こうしてその年になったので、父の願を果たさせようと、健気《けなげ》にお参りに出発させなさったのであるが、今はその母までもがお亡くなりになったので、まるで夢のように、
父母がいた昔を思い出すにつけても、水分神社に手向けして散らす幣《ぬさ》よりも、涙がしきりに流れることだ。
涙で濡《ぬ》れた袖はしぼっても間に合わない。
十三歳の年にお礼参りをしようと考えていたが、十一歳の時に父親が死没してしまった。残された母と十三の年になんとか参詣を済ませたが、母は父の死を思い起こすたびに涙するという。十三歳という年にここまでこだわるのは理由がある。十三参りといって、干支《えと》を一回りして迎える、大人になるための通過儀礼である。十三歳の折には母とともに迎えたが、

その母も今は亡き人になってしまったという感慨を歌に詠んだ。第二句「そのかみ垣」は昔の意の「そのかみ」に水分社の「神垣」を掛けている。手向けた幣《ぬさ》よりも激しく流れる涙に袖を絞ることもできないという。四十三年前に父母が参詣し、三十年前に母子で参詣し、今は父母はともにいない。積み重ねられた年月は人を涙もろくさせるのであろう。

『菅笠日記』にはそのあたりのことが、次のように記されている。

かの度《タビ》は、むげにわか《稚》くて、まだ何《ナニ》事も覚えぬほどなりしを、やう〱ひととなりて、物の心もわきまへしるにつけては、むかしの物語をきゝて、神の御《ン》めぐみの、おろかならざりし事をし思へば、心にかけて、朝《アシタ》ごとには、こなたにむきてをがみつゝ、又ふりはへてもまうでまほしく、思ひわたりしことなれど、何くれとまぎれつゝ過《ギ》こしに、三《ミ》十年《ソトセ》をへ《経》て、今年《コトシ》又四十三にて、かくまうでつるも、契《リ》あさからず。年ごろのほいかなひつるこゝちして、いとうれしきにも、おちそふなみだは一ッ也《なり》。そも花のたよりは、すこし心あさきやうなれど、こと《異》事のついでならんよりは、さりとも神も、おぼしゆるして、うけ引給《ひきたま》ふらんと、猶《なほ》たのもしくこそ。

——あの十三歳の時はやたらと若くて、まだ何事もわからないほどであったが、ようやく一人前になって、物の心もわかるようになるにつけても、父母の昔話を聞いて神の恩恵がおろそかでなかったことを思うと、心掛けて毎朝、神社の方角に向いて拝みながら、またわざわざ参詣したいと思い続けてきたけれども、何くれと紛れながら過ごしていたが、三十年を経て、今年また四十三歳になって、このように参詣するのも浅い因縁ではない。長年の本懐がかなった気がして、たいそう嬉《うれ》しい気もするが、流れ落ちる涙は同じである。そもそも花見のついでというのは少し浅薄な気もするが、他の機会であるよりはよいと水分の神もお許し下さって、この思いをお受け下さるだろうと、やはり頼もしく思われることだ。

十三歳での参詣は物心のつかない時のことゆえ、万事よくわからないままであったが、一人前に成人してはじめて神の恵みの並々でないことを知ったという。朝夕の礼拝は水分社の方角にておこなったが、諸事万端忙しくて今に至るまで参拝する機会を持つことができなかったのである。実際のところ、宣長は学業と医事に明け暮れて、京都留学から帰郷後は旅行らしい旅行は一度もすることがなく、松坂を離れることも稀《まれ》であった。そういった経緯の中で、三十年ぶりに訪れた水分社は感慨一入《ひとしお》だったに違いない。長年の宿願がここにかなったのである。「おちそふなみだは一ッ也」という箇所には出典があって、「うれしきも憂きも心は一つにて分かれぬ物は涙なりけり」（後撰集・雑二・読人不知《よみびとしらず》）を踏まえた表現である。さきに見せた懐旧の涙も、今の本懐を遂げたうれし涙も、その源は一つだというのである。その中核には「物のあはれを知る」心がある。

この旅の目的は吉野の花見であったけれども、それにかこつけて参詣できたことは、ほかのことを理由にするよりもよかろうと言う。風流心は時として神社への帰依をも誘発する。これもまた、宣長の愛してやまなかった桜がもたらした賜物だったのだろうか。桜を求めて自らのルーツにたどり着いた旅だった。

四十四歳の自画自賛像

翌年の安永二年（一七七三）、四十四歳の春に宣長は自画像を描いた。そこには次のような画賛が添えられている。

めづらしきこま《高麗》もろこし《唐土》の花よりもあか《飽》ぬいろか《色香》は桜なりけり

こは宣長四十四のとしの春みづから此《この》かたを物すとて、かゞみに見えぬ心の影をもうつせるうたぞ。

めずらしい朝鮮や漢国の花よりも飽きのこないものは桜の色香であったのだ。歌意を説明する必要もない平明な歌である。朝鮮や漢国の花との対比によって、日本の花の代表である桜の美（色香）を再認識するという趣向である。宣長には宝暦十年（一七六〇）に詠んだ歌に「もろこしの人に見せばやひの本の花のさかりのみよしのの山」というのがある。漢国と日本の桜との対比という趣向は、宣長の中で若い頃から培われたイメージだったと考えられる。ちなみに、この宣長の歌は真淵《まぶち》の詠んだ「もろこしの人に見せばやみ吉野の吉野の山の花のさかりを」と酷似している。等類と言ってもよいほどである。しかしながら、真淵のこ

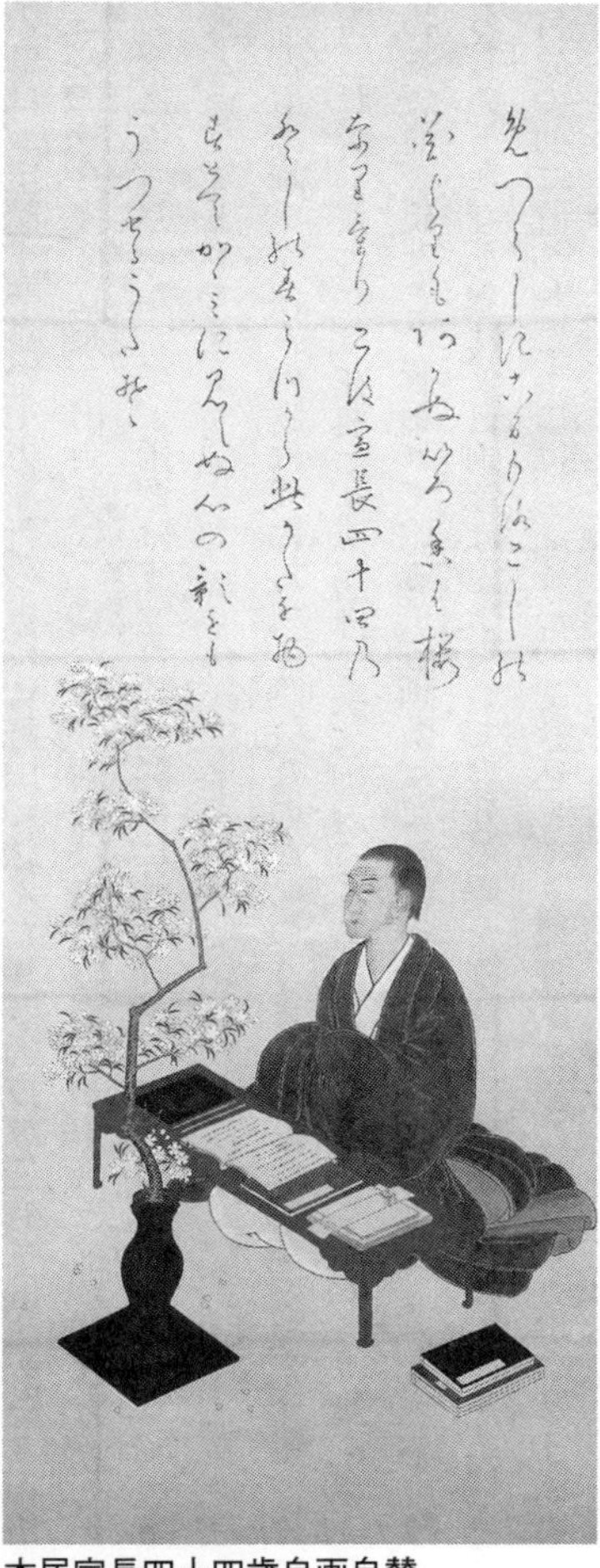

本居宣長四十四歳自画自賛
（本居宣長記念館蔵）

の歌は、宝暦十三年の上方旅行の折に吉野山で詠んだ長歌の反歌として詠まれたものである。この三ヶ月後に宣長と出会うことになる。両歌は宣長と真淵が出会う前に詠まれたということである。したがって、両歌はまったく無関係に詠まれたと考えるほかはない。不思議な一致ということができよう。

ともあれ、一体この歌は何に対する画賛なのか。いうまでもなく自画像に対するものである。だが、ここには花瓶に桜が活けてある。そして文机《ふづくえ》も描き、その上には書きかけの書物や短冊、硯《すずり》などが置かれている。自画像にこのようなアイテムを添えるのは極めて珍しい。なぜならば、自画像は鏡を用いて自分の姿を確認し、それを描くものだからである。自分の前に置かれたものは、いくらのぞき込んでも原理的に鏡には映らない。要するに、この自画像には虚構があるのだ。

そのことを宣長は「かゞみに見えぬ心の影」と表現した。つまり、自分の姿は鏡に映せば見えるが、鏡には映らない「心の影」がここに描かれており、歌に詠み込まれている。そのように考えると、この歌に詠まれた桜、この絵に描き込まれた桜、文机、硯、筆、書物、短冊などは、宣長の「心の影」ということになる。鏡に見える自画像と鏡には見えない桜が、一つの画面に描かれているというところが虚構なのである。そこから導き出される結論は、宣長は自分の姿と桜を同一視しているということである。左注に書かれた解説はそのようなことを示唆している。四十四歳という、必ずしも区切りではない年にこのような自画像を描いたのは、立ち止まって考える四十歳代に、桜と同化する自己（アイデンティティー）を表現したかったのではないだろうか。

門人録の作成

さて、安永三年（一七七四）に、宣長は「授業門人姓名録」の記載を始めた。いわゆる門人録である。門弟の増加に伴って名簿を整理しておくことが必要になったからであろう。伝存する宣長自筆本の安永三年条の直前に「右安永二年癸巳《かのえみ》以前都《すべて》四十三人」とあることから、同年に執筆を開始したと推定されている。それでは、このような門弟を率いる学派はいつ結成されたのだろうか。

そもそも宣長は京都遊学から帰郷の後、地元の歌会に出席し始めた。歌会は本居家の菩提寺である樹敬寺の塔頭《たっちゅう》の嶺松院で行われた。また、真淵に入門した宝暦十四年（一七六四）正月からは、それとは別に遍照寺《へんしょうじ》で歌会を主宰している。定例だけで月に三回、歌会が行われていたわけである。それらの歌会と並行して、帰郷後すぐに各種の古典文学の講釈を始めた。宝暦八年（一七五八）夏のことである。取り上げたテキストは源氏物語であった。宣長のメモによれば、聴講者は浅原義方《よしかた》、小津正啓《まさひろ》、中津光多《みつな》、稲掛棟隆、須賀直躬《すがなおみ》、浜田明《あき》達《たつ》、覚性院戒言《かくしょういんかいごん》、折戸氏麻呂《おりとうじまろ》、村坂道生《みちお》などであり、嶺松院歌会のメンバーと重なる人物が多い。つまり、嶺松院歌会の構成員が宣長の学識を見込んで、古典文学講読会が始まったと考えることができるのである。その後、宝暦十一年には万葉集の講読をスタートさせている。こうして次々に古典文学の講釈が行われ、地元の古典文学愛好家がこぞって宣長のもとに参集しだした。前章で『草庵集玉箒《たまははき》』の刊行（明和五年）に触れたが、これに序文を記したのは稲掛棟隆と須賀直躬であった。サークルの中心には宣長がいたが、宣長にもっとも近かったのがこの二人であったと考えることができる。このようにして徐々に学派が形成されていき、「授業門人姓名録」へと結びついていったのである。実際のところ、その巻頭に記された人名は、源氏物語講読の初期メンバーとほぼ一致するのである。それから入門者は後を絶たず、宣長の令名とともに増加していった。安永三年以降は入門者をその年ごとにまとめて記載し、時には入門月まで書き入れて整然と配列した。それは宣長が没するまで継続され、総計五百人弱の門人名簿が完成した。

なお、宣長の屋号を「鈴屋《すずのや》」と称するが、それは天明二年（一七八二）十二月に自宅二階に増築された四畳半の書斎に由来する。鈴を愛した宣長は、書斎に柱掛鈴《はしらかけすず》を持ち込んで床の間の脇に掛け、仕事の合間に鈴を鳴らしては心を落ち着かせていたという。風が吹くとさわやかな音を奏でる鈴は、弟子の意見を積極的に取り入れた鈴屋の学風の風通しの良さを象

鈴屋円居の図（本居宣長記念館蔵）

徴するものだった。

ところで、「授業門人姓名録」は何のために作られたのか。もちろん、ある程度の規模を有する社中を運営する上で、名簿というものは不可欠であると答えることができよう。会費の徴収や連絡のための住所の管理など、事務手続きのために必要なものだからである。だが、それだけではないだろう。名簿は学派の規模を計るメジャーであるといえる。名簿の増大は学派拡大の証《あかし》である。それは社中を映す鏡であると言い換えることもできる。鏡をのぞき込んで自画像を描いた時のように、名簿を整理し、増加する門人を一人一人自筆で書き加えていく宣長は、自らのうちにあるもう一人の自分を発見したのではないだろうか。要するに、「授業門人姓名録」は学者としての宣長がここに存在することを確認するためのよすがであり、社中にとっては存在理由（レゾン・デートル）であったと考えられるのである。

三、「拝外」から「排外」へ

外交史としての『馭戎慨言』

安永七年（一七七八）二月三十日、宣長は前年から執筆していた『馭戎慨言』を仕上げた。四十九歳の時のことである。一般にはギョジュウガイゲンと読むが、「からをさめうれたみごと」と訓読みをすることもある。いずれにしても、日本が「戎」（漢国や朝鮮）を「馭」（制御）するべきであると慨嘆しつつ主張するという意味である。「直毘霊《なおびのみたま》」を執筆して日本に伝わる道を通時的に掌握しようとした宣長は、当然のことながら古来の外交関係にも食指を動かした。『馭戎慨言』は日本外交史の研究書である。太古より豊臣秀吉の朝鮮出兵までの史実を列挙し、論評したものである。『馭戎慨言』は次の一文で始まっている。

天日大御神《アマツヒノオホミカミ》の御子《ミコ》の尊《ミコト》の所知食《シロシメス》、此大御国《ノオホミクニ》に、外国《トツクニ》もろ〳〵のまつろひまゐる《朝貢》事の始《メ》をたづぬれば、まづ師木瑞籬宮御宇《シキノミヅガキノミヤニアメノシタシロシメシシ》崇神天皇《スメラミコト》の大御代《オホミヨ》の七年に、天皇の大《オホ》

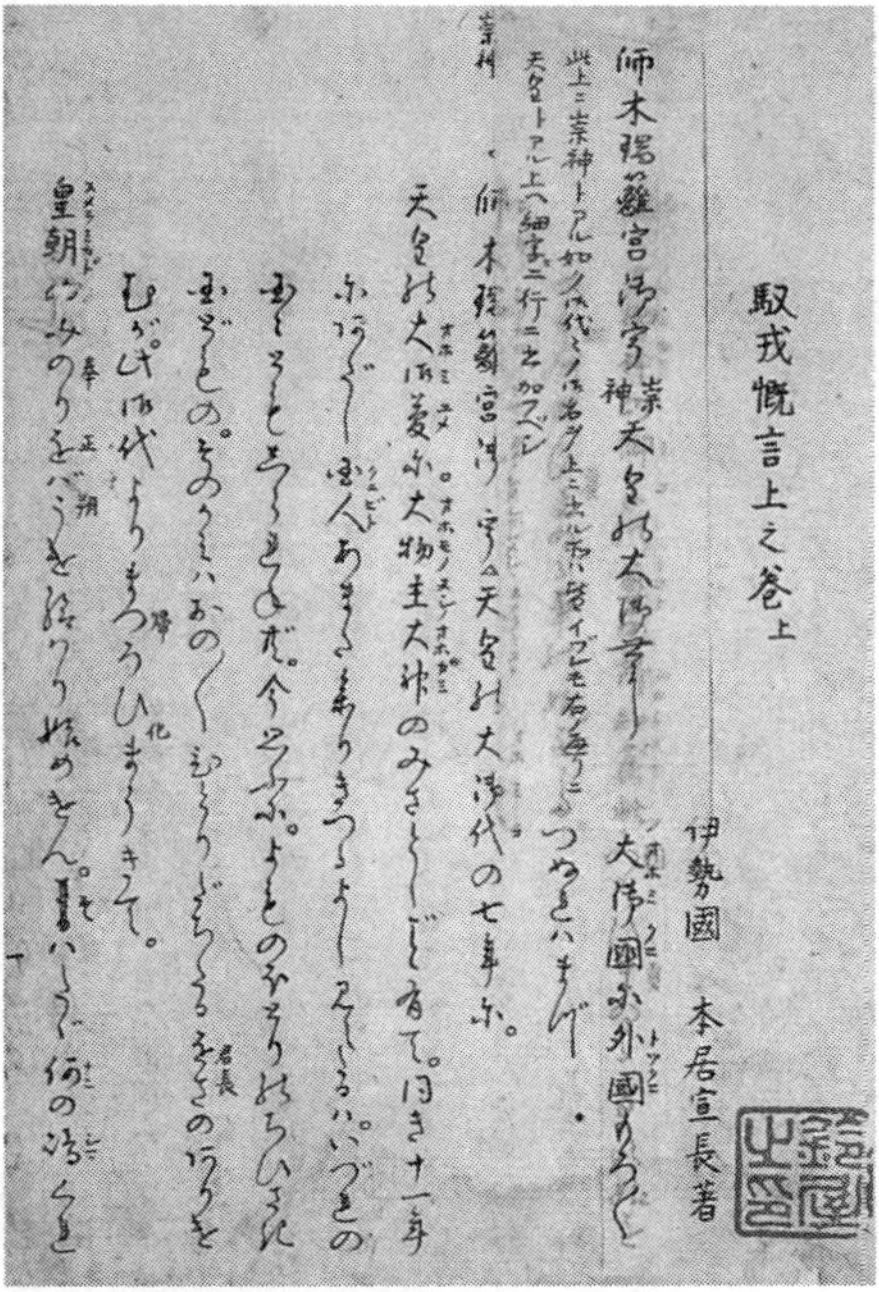
馭戎慨言上之巻上
伊勢國　本居宣長著

『馭戎慨言』稿本（本居宣長記念館蔵）

御夢《ミユメ》に、大物主大神《オホモノヌシノオホカミ》のみさとしごと有《あり》て、同き十一年に、あだし国人《クニビト》あまた参りきつるよし見えたるは、いづれの国々ともしられね共、今思ふに、よものほとりのちひさき国どものそのかみは、おの〳〵ひとりだちたるをさ《君長》のありけむが、此《この》御代よりまつろ《帰》ひま《化》うきて、皇朝《スメラミカド》のみ《奉》のりをば《正》うけ《朔》給はり始めけん。

——天照大御神の御子の帝がご統治なさるこの御国に、諸外国が朝貢することの始まりを調べてみると、まず崇神《すじん》天皇の御代七年に、天皇の夢に大物主大神《おおものぬしのおおかみ》のお告げがあって、同十一年に、異国の人が数多く推参したことが日本書紀に見える。それはどの国々ともわからないけれども、今思うと、四方近隣の小さい国々で、その当時はおのおの独立した長がいたであろう国々が、この御代より帰化して、皇朝の法制を承《うけたまわ》りはじめたのだろう。

まずはじめに、神代以来わが国に外国人が訪れた起源を問題にする。それは崇神天皇の七年のことで、大物主大神のお告げがあって、異国人が数多く渡来することを夢に見た、ということを外国人が来訪した始まりに設定している。これは日本書紀の当該条に基づいている。また、崇神天皇の十一年の記事も同じく日本書紀の条《くだり》を踏まえている。このように日本書紀に依拠して外国人の来日を歴史的に位置づけているのである。

ここで「まつろひまゐる」に「朝貢」という漢字を宛て、「みのりをばうけ給はり」に「奉正朔」という漢字を宛てていることに注目したい。朝貢とは、歴代中国の皇帝に対して周辺国の君主が貢ぎ物を捧げ、これに対して皇帝が恩賜を与えるというシステムである。また、奉正朔とは、古代中国において皇帝が変わった時に暦も改まることから、新たな暦の正《せい》朔《さく》（正月一日）を認めることにより、王朝の統治に服従する意を表す。このように、朝貢も奉正朔も漢国の皇帝が周辺国に対して使う用語であり、それは東亜の華夷《かい》秩序（漢民族による自国中心主義）を象徴する言葉である。そういった用語を宛漢字に用いているところから、宣長の意図が透けて見えるようだ。つまり、天皇の統治するわが国は世界の中心であるということである。ここでは漢国と日本の上下関係が逆転している。宣長はそれらの用語を間違って使っているのである。

もちろん、宣長の誤用は意図的な転用である。というのも、宣長は儒者が古代中国を尊ぶあまり、卑屈になって日本を貶《おとし》めることを苦々しく思い、それを漢意《からごころ》と称してことごとく批判したのである。そのことを『馭戎慨言』の中で次のように説明している。

天地の間に二ッとなく、尊くましします天皇をいたゞき奉《たてまつ》りながら、よしなきから《戎》国の王を、いさゝかもたふとみいふべきことわり有《リ》なんや。儒者などの心に、もろこしの国にまさりて尊き国なく、その王を天子とあがむべきは、天地のおのづからなることわりのごとくおもひをるは、いとも〳〵こゝろえず。

――この天地に二つとなく尊くていらっしゃる天皇を仰ぎ申し上げながら、縁がない漢国の王を少しでも尊称で呼ぶ道理があるだろうか。儒者などの心の中に、漢国よりも尊い国はなく、その王を天子と尊崇すべきことを天地の自然の道理であるかのように思うのは、とても理解できない。

この世に二つとなく尊い天皇をいただきながら、漢国の王はほんの少しも尊ぶべき理屈はない。儒者の心の中に、漢国よりも尊い国がなく、その王を天子として崇《あが》めることを当然の道理のように思っているのは、とても理解できない、というわけである。ここで「尊くまします天皇」と「よしなきから国の王」を逆転させるのが宣長の意図である。

いや、そうではない。儒者の方が間違っている。それを正常に復しただけのことだ。儒者の誤った認識を批正するというのが宣長の真意なのである。わが国の民が崇め尊ぶべきなのは天皇である。なお、ここでも漢国に「戎」という宛漢字をしている。戎とは、華夷思想において、西方に位置する野蛮な国を「西戎《せいじゅう》」と呼ぶことに基づく。中華に対する東夷《とうい》・西戎・南蛮《なんばん》・北狄《ほくてき》という蔑称である。要するに、宣長はその用語法を転用し、漢国を戎（西戎）と名付けたのである。そういった意味で宣長の認識は首尾一貫している。それは自国（日本）を中心とする世界認識の方法である。

自国中心主義

そもそも宣長の自国意識は先に見た「直毘霊《なおびのみたま》」冒頭から顕著にうかがうことができるが、『馭戎概言《ぎょじゅうがいげん》』の中にもそのような言説が散見される。たとえば、次のような議論が要所要所に見られる。

そも〳〵天皇のかぎりなく尊《至尊》くまします御事は、申すもさらなれど、まず大御国《オホミクニ》は、万《ヨロヅ》の国をあまねく御照《ミテラ》しまします、日《ヒ》の大御神《オホミカミ》の御国《ミクニ》にして、天地《アメツチ》の間《アヒダ》に及ぶ国なきを、やがてその大御神《オホミカミ》の御末《ミスヱ》を、つぎ〳〵に伝へまし〳〵て、天津日嗣《アマツヒツギ》と申《シ》て、其御国《ソノミクニ》しろしめし、万代の末までも、うごきなき御位《ミクラヰ》になんましませば、かのよしもなくみだりにたかぶりをる、もろこしの国の王などの、かけても及び奉《たてまつ》るべき物にあらず。

――そもそも、天皇がこの上もなく尊くていらっしゃることは申し上げるのも今さらであるけれども、まず日本はすべての国を隅々まで御照らしになっている、天照大御神の御国であって、天地の間に匹敵する国はないが、そのままその天照大御神の御子孫に次々にお伝えになられて、皇位継承と申して、皇国を御統治なさり、万代の御子孫までも揺るぎのない御位でいらっしゃったので、あの訳もなくむやみやたらと驕《おご》り高ぶっている漢国の王などが、到底及び申し上げることもない。

わが国はすべての国を広く照らし出す太陽の神（天照大御神）の国であって、皇位継承を経て国を統治し、万代後までも不動の地位であったので、あの理由もなく乱暴を働く漢国の王などが到底及ぶことができるものではない、というのである。ここでも日本の天皇の優位性が強調されている。そこから漢国の位置を定めるという順序なのである。このような自国中心主義から構築される外交史は、当然のことながら一定の視座を設定することになる。それは「排外」である。

先に見たように、儒者たちの漢国に対する姿勢は卑屈で、とても受け入れられるものではないと宣長は考えた。それは漢国に媚《こ》びへつらう態度であって、「拝外」とでも称すべきものであった。宣長は外国に追従する低姿勢を「漢意《からごころ》」という用語で表現し、これを排斥しようとしたのである。「排外」である。つまり、儒者の「拝外」から宣長の「排外」へというコペルニクス的転回が『馭戎慨言』を貫く思想であると言ってよい。

蒙古襲来の叙述

そういった観点から、蒙古《もうこ》襲来というトピックを取り上げてみたい。蒙古襲来とは文永《ぶんえい》の役（一二七四年）と弘安《こうあん》の役（一二八一年）の二度にわたって行われた戦役で、元《げん》・高麗《こうらい》連合軍が北九州を攻め立てた戦いである。鎌倉幕府側は数度にわたる蒙古側の使いを拒み、服従に応じなかった。そうして襲来に及ぶ。ところが、周知のように二度とも大風が吹いて蒙古軍は撤退せざるをえない状況になった。二度目の弘安の役について、宣長は次のように記している。

さてかく俄《にわか》にはげしき風のおこりて、たやすくあたの賊《イクサ》軍のほろびうせぬるは、世にも語り伝ふるごとく、まことに皇神《スメカミ》たちの御力也《なり》。かくて此度《この》のあやまちに深くこりて後は、ながくから国より戎狄《いさゝ》かもえうかゞはずなりぬる、神の御国の御いきほひ《ミ威徳》よ、かしこし共たふとしともいへばさら也。

——さて、このように急に激しい風が起こって、容易に賊軍が壊滅したのは、世にも語り伝える通り、本当に皇神たちの御力である。こうしてこの時の過ちに深く懲りてから後は、長く漢国が少しも隙をうかがうことができなくなった。神の国の御威徳は畏れ多いとも尊いとも今さら言うまでもない。

大風が吹いて賊軍が亡びた理由は「皇神」の力であって、これ以後に懲りた蒙古側が襲来することがなくなったのは、「神の御国」の威徳であるというのである。このように神のご加護に守られているという発想は、宣長も指摘しているように、すでに古くから語り伝えられているものである。たとえば、『増鏡《ますかがみ》』には「勅《ちょく》として祈るしるしの神風に寄せ来る波はかつ砕けつつ」という二条為氏の歌を載せている。伊勢の神に祈ったことで神風が吹き、波が砕けて船を転覆させたというのである。しかしながら、そのような神に対する尊崇の念は排外へと向かう。

然《しか》るをもろこし人は、此《この》神の道のくしび《霊異》なることわりをばえしらで、後世まで此やぶれ《敗》を、只《タダ》あしき風の吹《ふく》べきをりをはからはざりし故と思ひ、ある《或》は蒙古陸《クヌガ》の戦ひは得たれ共、船いくさにつたなかりし故といひ、あるは御国の国形《クニガタ》の、海をへだてて、おかしがたきことなどをのみ思ひをるは、いともおろかなりけり。

――それなのに漢国の人は、この神の道の霊妙な道理を理解することができず、後世までこの戦争の敗因を、ただ暴風が吹く時季を計算にいれていなかったからと考え、あるいは蒙古が陸上戦は得意であるけれども、海上戦は苦手だったためといい、あるいは皇国の地形は海を隔てて侵略しにくいことなどと考えているのは、本当に愚かであった。

漢人は後世に至るまで、この敗北の原因を悪い風が吹く時季を計り損ねたためや、蒙古軍が陸戦には強いが海戦には不利であったため、あるいは日本の地形が海を越えて侵略することが難しいため、などといった負け惜しみを並べ立てているだけで、わが国の神の道の霊験を知らずにいるのだと罵倒している。このように、宣長において、皇国への敬仰は他国への排斥へと実に単純に転化するのである。それはあたかも神道への尊崇が漢意排斥へと転化するのと同じ発想である。宣長における異国は皇国を映す鏡であったのだ。鏡面が歪《ゆが》んでいると、鏡に映る姿も歪む。そういう意味で『直毘霊』と『馭戎概言』とは同じ思想の両面であったと言うことができよう。

後世の『馭戎概言』観

この『馭戎概言《ぎょじゅうがいげん》』という書物は、幕末には攘夷《じょうい》派の愛読書となったり、太平洋戦争中には蓮田善明《はすだぜんめい》が中国侵略の先見性を絶賛したりといったように、危機の時代に愛国者たちによって大きく取り上げられた。戦後には、たとえば加藤周一などは粗雑で狂信的なナショナリズムの代表と見なしている。たしかに他の宣長の著作と比較すれば、『馭戎概言』は異色の思想史的叙述と言ってよい。高度な実証性を担保しつつも、圧倒的な皇国中心主義に貫かれているのである。もちろん、現代の目から見れば偏狭な自国中心主義と言わざるを得ないところも多分にある。そしてそれが宣長国学を曲解させた要因になっている。

しかしながら、幕府の役人でもない一介の町人学者が、しかも当時の国際関係に関する知識が皆無という中で執筆した史書としては破格にレベルが高いことも事実である。また、近世期において尊内卑外の自国中心主義はそれほど珍しいことではない。宣長が批判する儒者の中にも自国中心主義は容易に見出すことができる。新井白石《あらいはくせき》などはその典型である。つまり、宣長は近世中期において、それほど突出して先鋭的な国家観を有していたわけではないのである。『馭戎慨言』はその過激な名称と尊内卑外の一貫した叙述とによって、宣長の本意とは異なる著しく偏向した読みを強いられた。

以上のように、四十歳代の宣長は、日本の出自を解き明かす『直霊（直毘霊）』の擱筆《かくひつ》に始まり、自身のルーツを探す『菅笠日記』の旅を経て自画自賛像を描いてアイデンティティーを確立し、門人録を作成して学者としてのレゾン・デートルを確かめる時期を過ごしたのである。その掉尾《とうび》を飾る著述が日本外交史の研究書『馭戎慨言』であったのは、自省の歳月を送っていた宣長にとって、画竜点睛《がりょうてんせい》と言ってよかろう。

第五章　論争の季節

一、『葛花』論争

論争の効用

宣長は論争を好んだ。持論と異なる説に対して容赦なく反論し、結論が同じでも論理的手続きに疑義がある場合には、これを批判し、批正した。もちろん、宣長その人は決して好戦的な性格であったわけではない。むしろ寛容な精神を持ち合わせた、人間的魅力溢《あふ》れる好人物であった。それゆえ立派な弟子が数多く育っていったのだ。それがひとたび学問を相手にすると、持ち前の厳格さと厳密さが遺憾《いかん》なく発揮され、完膚なきまでに相手をねじ伏せた。それは学問に対する誠実さの反映と考えることができる。

宣長自身が論敵との議論、あるいは論争というものについて、どのような見解を有していたのかがわかる叙述がある。明和九年（一七七二）一月二十二日付谷川士清《たにがわことすが》書簡の中で、次のように記している。

すべてあらそひ也《なり》とて物を論ぜぬハ、道を思ふ事のおろそかなる故也。たとひあらそひても、道を明らかにせんこそハ、学者のほいにて候《さうら》はめ。又よしあしをたがひに論ずるにつけて、我も人もよきことをふと思ひうる物にし候へバ、議論ハ益おほく候事也。

——総じて争いであるということで議論をしないのは、道を思うことが疎略であるからである。たとえ争いであっても、道を明らかにすることこそ学者の本望でございましょう。また、良し悪しを互いに言い合ううちに、自分も相手もよい考えがふと思い浮かぶものでありますから、議論は益が多いものでございます。

ここには議論や論争に関するもっとも重要な事柄が記されている。つまり、論争の中でお互いによい考えが思い浮かぶと述べているところである。これは論争の窮極の本質を見事に言い当てていると言ってよい。文章を書いて論理を展開する場合、自分では論理に隙があるとは思えないことでも、客観的に見れば穴だらけのこともある。ところが、論争相手と議論する場合には、攻撃を受けることによって自分の論理の弱点に気付くことができる。また、相手の論理と自分の論理の相関関係の中で、自分一人では思い付かない発想に至ることもある。宣長はそのことに気付いていたのである。

宣長は生涯において、多くの論争を繰り広げたけれども、特に五十歳代は歴史に残る三つの論争を経験した。順に見ていくことにしよう。

「葛花」と「漢籍の毒酒」

まず一つ目は、安永九年（一七八〇）十一月二十二日に著された『葛花《くずばな》』論争である。この書の成立した経緯は、宣長の序文に記されている。

或人《あるひと》まがのひれといふ書を作りて、余があらはせる道の論此書直霊《ナホビノミタマ》と名づけて一巻ありを難じたり。其《その》書の大旨《オホムネ》を考ふるに、此《この》人いさゝか皇朝の学をも好むとは見えたれ共、儒者にて、年来《としごろ》たゞ漢国聖人の道をのみ尊き物に思ひなれたる故に、皇国の古《へ》をも、たゞその漢国の意を以《もつ》て定めんとする心に、余がいへる趣の、いたく其意とはかはりて、かの聖人の悪き事を弁じなどしたるを見て、大きに怒れる心より書出《かきいで》たる物也《なり》。

——ある人が『末賀乃比礼《まがのひれ》』という書物を書いて、私が著した『直霊《なおびのみたま》』を非難した。その書物の概要を考察すると、この人は少しは国学をも好むとは見えるけれども、生来は儒者であって、長年ただ漢国《からくに》の聖人の道ばかりを尊いものと思い馴《な》れているために、皇国の古代をも、ひたすら漢意《からごころ》によって定めようとする心で、私が述べた趣旨とは、たいそうその意図が変わってしまって、私がかの聖人の悪行を論じたのを見て、大いに怒った心から書き出したものである。

この書物は『末賀乃比礼《まがのひれ》』を対象にして書かれたもので、「或人」とは市川鶴鳴《かくめい》（一七四〇～一七九五）のことである。鶴鳴は荻生徂徠《おぎゅうそらい》系の儒学者で、宣長の門弟田中道麿《みちまろ》（一七二四～一七八四）の友人であった。道麿が鶴鳴に『直霊』を見せたところ、鶴鳴は聖人の道を尊重しない宣長の態度に業を煮やして批判書を執筆したという。つまり、『直霊』→『末賀乃比礼』→『葛花』という応酬である。なお、ここで鶴鳴が見た「道の論」とは、宣長自身は『直霊』と言い換えているが、厳密に言えば『直霊』ではない。それが『直霊』の一つ前の稿本「道云事之論」であることが、評論家小林秀雄の指摘によって明らかになっている。それはともあれ、鶴鳴も宣長の書物を俎上《そじょう》に載せて批判をしたのである。それに対して宣長は再び『葛花』で反論をした。それでは「葛花」とは一体何なのか。宣長は序文を続けて言う。

そも〳〵天下の学者、千有余年かの漢籍《カラブミ》の毒酒を飲《のみ》て、その文辞の口に甘美《ウマ》きにふけりて、たれも皆酔乱《ヱヒミダレ》たることをみづからおぼえず、たま〳〵直毘《ナホビノ》神の御霊《ミタマ》によりて醒《サメ》たる人有《あり》て、これをさとせ共、なほ我酔《レヱヘ》ることなしとのみいひて、いよ〳〵狂言《タブレゴト》をはなちつゝ、いさゝか醒《サメ》んとする人にも、猶《なほ》かの毒酒をしひ飲《ノマ》せて、いよ〳〵酔《ヱヒ》みだれしむることのかなしさ、見るにえたへざる故に、嘗《ナメ》て醒《サメ》よと、採《ツミ》もて来つるこの葛花《クズバナ》ぞ。

——そもそも天下の学者は、千年以上前から漢籍の毒酒を飲んで、その文章表現の味わいのよさに耽溺《たんでき》して、誰も皆酔い乱れていることを自分自身では悟ることができず、私のようにたまたま直毘神《なおびのかみ》の霊力によって醒めた人がいて、この人を諭すけれども、私はまだ酔っていないとばかり言って、ますますたわ言を言い放ちながら、少し醒めようとする人に対して、さらにかの毒酒を強いて飲ませて、ますます酔い乱れさせることの悲しさが、見るに堪えないので、これを嘗《な》めて酔いから醒めよということで、摘んで来たのがこの葛花なのだ。

世の学者が長年、漢籍の毒に当てられて、自分でも知らないうちに前後不覚に陥ってしまったのを正すために、この『葛花』を著したという。「直毘神」は第四章「自省の歳月」で触れたように、禍津日神《まがつびのかみ》の悪事を祓《はら》い清める神である。『直霊』の思想的基盤をなす神であり、古事記の中核をなす神と宣長は認定した。その直毘神の力を借りて、漢意《からごころ》に蝕《むしば》まれた魂を救済するというのが当該書の趣旨ということになる。

ここで、宣長が「漢籍の毒酒」と記していることに注目したい。「漢籍」を「毒酒」と規定するのである。「毒酒」とは、単なる酒ではなく、一度口にするとその毒が身体中に回って取り返しが付かなくなるというニュアンスを持つ言葉である。そこから「酔乱」や「醒」などという縁語により文章を綴《つづ》っていくことになる。そうして最後に、その毒酒の酔いから醒めるために摘んできたのが「葛花」だというのである。こうして、序文で「葛花」という書名が指す意味が明らかにされるわけである。このように漢籍が汚した心を清浄にするべく反論するということを主張する際に、毒酒に酔い乱れた人を葛花によって酔いから醒めさせるという比喩を用いるのである。宣長はこれを漢籍医学書から得たと思われる。たとえば、宣長が参照した『本草摘要《ほんぞうてきよう》』の「葛根《かっこん》」の項には「解《ス》二毒酒《ヲ》一」とある。宣長は国学者であると同時に医者でもあった。芸は身を助けるというが、生業《なりわい》である医師の知識が国学者としての宣長の後ろ楯《だて》となったのは興味深いことである。

医師宣長と「売薬の能書」

葛花が漢籍の毒消しをするという比喩は象徴的である。比喩による議論は、『葛花』全体の方法でもあった。特にここでは医学に関わるものとして、「売薬の能書」という比喩を見てみたい。この比喩は、初出の段階で「譬《タト》へば能書《ノウガキ》に迷《マヨヒ》て、みだりに売薬を信ずるがごとし」と記している。能書とは売薬の取扱説明書であるけれども、それは必ずしも効能を等身大に示すものではない。むしろ実際の効能以上に、あるいは実際の効能とは無関係な誇大広告が能書の実態であった。したがって、頭から能書を信じる者などいないのである。そういった能書と売薬との周知の関係をうまく用いて、これを論争の具としたわけである。端的に言えば、儒学の徳目とそれが実社会に適用される時に発生する齟齬《そご》を問題にするのである。

たとえば、宣長が儒教の「天命」を否定して「禍津日神」の仕業とするのに対して、鶴鳴は善人は必ず栄え、悪人は必ず滅ぶという道理をもって対抗した。それに対して再び宣長は批判する。聖人と仰がれた孔子《こうし》は一生不幸せであったし、亜聖といわれた顔回《がんかい》は貧賤でしかも短命であったという。善人が必ず栄えるということはないのである。そして次のように続ける。

世の中にはすべてかくの如《ごと》く、道理に違《たが》へる事、今眼前にもいと多し。然《しか》るを善人は必《かならず》福《サカ》え、悪人は必禍《マガ》ることは、いさゝかもたがひなしといふは、かの売薬を能書《ノウガキ》の通《トホ》りにたがはず、よく験《キク》ものと思ひ惑《マド》へる、愚昧の心歟《か》。はた能書の如くにはきかぬ事を知《リ》ながら、猶《なほ》人を欺きて、売《ウリ》つけんとする歟。

——世の中には、すべてこのように道理に反したことが、今目の前にも非常に多い。それなのに、善人はかならず繁栄し、悪人はかならず衰退することは、少しも間違いないというのは、かの売薬を能書の通りに間違いなくよく効くものと思い惑う愚昧の心だ。また能書のようには効かないことを知りながら、それでも人をだまして薬を売りつけようとするのか。

能書を信用して薬を使おうとする愚昧か、それとも能書が虚偽であることを認識していながら人をだます詐欺か、そのどちらかだというわけである。愚昧か詐欺か、究極の選択である。この比喩は多くの者が常日頃から実感として持っている事柄であるゆえに、説得力が生まれる。これを見た鶴鳴は一方的な決め付けだと思ったかもしれない。だが、この比喩に対して反論しにくかったのではないだろうか。それというのも、売薬の能書は医者の専売特許なのであり、それを逆手にとった批判であったからだ。

宣長は日常的に能書に馴染んでいた。たとえば、宣長が用いた「あめぐすり」の能書は次のようなものである。

○男女大人小児とも、大病《びやう》長病《ちやうびやう》にて虚脱羸痩《きよだつるいそう》したるに用て、大に元気《げんき》を益《ま》し身体《しんたい》を補ふ。尤《もつとも》煎薬服《せんやくふく》用の中、此《この》薬兼用《けんよう》してよろし。○病《びやう》後《ご》力付おそく、肥立《ひだち》かねたるに甚《はなはだ》よろし。○惣じて何《いづ》れの病《やまひ》といふ事なく、虚弱《きよじやく》なる病人には、皆《みな》用て大に益《えき》ありて、病名《やまひのな》挙《あぐ》るに及ばず。○疝積腹痛《せんしやくふくつう》不食《しよく》くだり腹《はら》たんせき等にもよろし。

老若男女を問わず、病中病後の滋養強壮に、どんな病であれ虚弱体質を改善し、胃腸病にも効果があり、煎《せん》じ薬との相性もよい。ありとあらゆる病に効くというわけである。これでもほんの一部である。これぞ能書という書きぶりであり、まさに総花的と言うほかはない。これは宣長自身の手になる能書である。このように売薬を生業とする宣長に能書は当てにならないと言われたら、この開き直りに対して言い返す言葉は見つからないだろう。なお、鶴鳴は儒者であるが、宣長と同じく医師でもあった。

批評を乞う姿勢

実際に宣長は道麿を通して、市川鶴鳴に『葛花』を送った。そして、鶴鳴の反応が気になったごとくである。そのことを記してもいる。それは天明元年（一七八一）七月八日付道麿宛書簡であり、そこには次のように記されている。

扨此《さてこの》くず花の義、市川氏も見られ候《さうらふ》よし、評議ハいかゞ候哉《や》。市川氏料簡承度《うけたまはりたく》、何卒《なにとぞ》再難も出来申《まうし》候ハバ、拝見仕度《つかまつりたく》候。此義御序《おついで》ニ御物語可レ被レ下候。且又貴兄ノ思召ハいかゞ候哉。無二御遠慮一御評承度候処《ところ》、一向何共《なにとも》不レ被二仰聞一候ハ、不本意候也。

――さてこの『葛花』の件、市川氏も読まれましたこと、評判はどうでございましょうか。市川氏の料簡をおうかがいしたく、なにとぞ再び論難された物がございますならば、拝見したく存じます。このことはついでにでもお話し下さい。その上またあなたのお考えはいかがでしょうか。遠慮なさらず、ご批評を承りたく存じますので、一向に何なりとお聞かせ下されないのは、不本意でございます。

『葛花』を道麿に届けてからすでに半年が経過している。その後、『葛花』が鶴鳴に渡ったという書面を見て、その反応が非常に気にかかるごとくであり、道麿を介して鶴鳴の批評を求める様子を見て取ることができる。さらには道麿自身の忌憚《きたん》のない批評も要求している。このように執筆後に受け手の反応を気にしていることから、逆に執筆段階における宣長の意識を推測することも可能であろう。論争を続ける気満々なのである。議論をすることによって得るところが大きいと考えていたことの実践である。

二、『鉗狂人』論争

『衝口発』と『鉗狂人』

さて、二つ目の論争は、天明五年（一七八五）十二月に成立した『鉗狂人《けんきょうじん》』論争である。『鉗狂人』の自序にいう。

いづこのいかなる人にかあらむ。近きころ衝口発といふ書をあらはして、みだりに大御国のいにしへをいやしめおとして、かけまくもいともかしこき皇統をさへに、はゞかりもなくあらぬすぢに論じ奉《たてまつ》れるなど、ひとへに狂人の言也《なり》。故今これを弁じて、名づくることかくの如《ごと》し。

——どこのどんな人であろうか、最近『衝口発《しょうこうはつ》』という書物を著して、みだりに日本の古代を卑しめ貶《おとし》めて、言葉をお掛けするのも畏《おそ》れ多い皇統までを遠慮なく思いもよらぬ方面に論じ申し上げるなど、ひと言でいえば愚者のたわ言である。それゆえ今これを論じて、このように名付けたのである。

『衝口発《しょうこうはつ》』は藤貞幹《とうていかん》（一七三二〜一七九七）が天明元年（一七八一）七月に出版したもので、漢籍に基づいて古代日本の文化を裁断するという姿勢で貫かれている。本書は皇統・言語・姓氏・国号・神璽《しんじ》・年号・容飾・衣服・喪葬・祭祀・拍手《かしわで》・和歌・詩賦《しふ》・国史・制度の十五項目にわたって、古代日本の文化が中国や朝鮮に由来することを論じたものである。こういった漢籍に盲従して、古代日本をそれにあてはめる態度は、宣長のもっとも忌避するところであって、このような妄説は完膚なきまでにねじ伏せるのである。後に弟子入りする渡辺重名《しげな》（一七五九〜一八三〇）が『衝口発』を見て憤慨し、宣長に意見を求めたことに応えたものである。宣長は「狂人に鉗《くびかせ》す」と命名して、そういった意味を込めたのであった。『衝口発』に対して、宣長が全項目にわたって批判を展開する根拠となっているのは、次のような考え方である。

抑《そもそも》皇国は、文字を始めとして、後には天下の制度までおほくから様を用ひ給《たま》ひ、人の心さへことぐ\くからになりぬる故に、上古にいまだうつらずならはざりし以前の事まで、ことぐ\く後の格を以《もっ》て推《オサ》むとするは、からぶみ学者の癖也《クセなり》。

──そもそも日本は、文字をはじめとして、後には天下の制度まで多く漢国の様式を用いなさり、人の心までもすべて漢国風になってしまったために、古代において漢風がまだ移らず、倣わない以前の事までも、ことごとく後の様式を用いて類推しようとするのは、漢学者の悪癖である。

日本には文字や制度など、漢国から輸入されたものが多くあるけれども、それらが日本に入る以前のものまでも、漢様で裁断するという愚行を犯しているというのである。この指摘の中核にあるのは、漢学者に染み付いた漢意《からごころ》である。宣長にとって、この漢意こそ攻撃の対象であったのであり、議論を繰り広げて明るみに出さなければならない闇だったのである。

「妙理」と不可知論

このような漢意に対抗して宣長が提示した考え方は、古代は古代として自律し、後世から自立しているという理念であり、その時空を司る精神は神の領域であって、後世の我々には理解できないものであるとする思考法である。たとえば、『鉗狂人』の冒頭近くに次のように記している。

すべて神代の伝説《ツタヘゴト》は、みな大に霊異《アヤシ》くして、尋常の事理にことなる故に、人みな是《これ》を信ずることあたはず。世々にこれを解釈する人も、おのが心のひくかたにさま〴〵いひ曲《マゲ》て、今日《コンニチ》の事理にかなふさまに説《トキ》なすめれ共、そはみな漢籍意《カラブミゴコロ》に惑《マド》ひたる私《わたくし》ごと也《なり》。

——総じて神代の伝説はみな非常に霊妙で、尋常の道理と異なるために、人はみなこれを信じることができない。世間でこれを解釈する人も、自分の関心の拠り所に曲解して、今の道理に適合するように解釈するようであるけれども、それはみな漢意に惑溺した私的な解釈である。

神代の古伝説は不思議なことばかりで、通常の道理で解釈しようとしても理解できない。それを無理矢理に解釈するのは漢意に溺れている証拠だというのである。こういった神代に対して理解不可能という思いが一方にあり、もう一方には合理的に神代を理解しようとする者への批判がある。それらは一つの現象の裏表をなす事柄である。理解不可能という諦念と了解可能とする傲慢とである。今、諦念と書いたが、それは必ずしもネガティブな意味合いではない。むしろ神代が理解不能であるということを逆用して、これまで曲解されてきた古伝説の解釈を一網打尽にしてしまおうという目論見《もくろみ》が宣長にはあった。宣長が論争において多用した常套《じょうとう》論法はこれである。先の『葛花』においても使い、後で論じる『呵刈葭《かがいか》』においても用いている。ここぞという時に抜く伝家の宝刀と言ってよかろう。
この論法をより明確に説明している。

まことの理《ことわり》といふものは、はなはだ霊異《アヤ》しく妙《タヘ》なる物にして、さらに人の小《チヒサ》き智《さとり》をもて測識《ハカリシル》べきところにあらず。人のよくはかりしる所は、わづかにその百分が一にも及ぶべからず。然《しか》れば此《この》天地の内にも外にも、上古にもゆくさきにも、思ひの外《へ》なるいかやうの奇異《アヤシ》き事のあらむも測知《ハカリシリ》がたきわざなるを、漢国《からくに》のならひとして、古の聖人といふものを始め世々の人みな、おのが心をもてよろづを思ひはかりて、かくあるべき理ぞ、かくはあるまじき理ぞと定めて、その己が定めたるところを理の至極と思ひ、此理の外はなきことと心得めり。

――「まことの理《ことわり》」というものは、甚だしく霊妙で神妙なものであって、とても人の小さい知力によって測り知ることができるものではない。人がしばしば測り知る事柄は、その内のわずかに百分の一にも及ばない。だから、この天地の内にも外にも、古代にも未来にも、意想外のどのような奇異なことがあるかということも測り知ることが難しいものであるのに、漢国《からくに》の習慣で古《いにし》えの聖人というものをはじめとして、世の人々はみな自分の頭ですべてのことを推測して、こうあるべき道理だ、こうあってはならない道理だと定めて、その自分が定めたところを道理の究極であると思い、この道理以外にはないものだと履き違えている。

本当の道理には妙理があって、尋常の理や人の小智では測り知ることができないという命題である。これはキリスト教神学における不可知論に相当するものであるが、宣長の不可知論が特異なのは、本来は弱みであるはずの無知を逆手にとって、論敵への攻撃に転じるという策である。これによって論争相手は虚を突かれたように沈黙するほかはない。この思考法は宣長の古代観を支える屋台骨であり、宣長国学という体系を維持する大黒柱であったと考えることができよう。

三、『呵刈葭』論争

『呵刈葭』

三つ目は『呵刈葭《かがいか》』論争である。上田秋成《うえだあきなり》（一七三四〜一八〇九）との間で行われ、上下二巻からなる。古代日本語の音韻に関する論争で「上田秋成論難同弁」を上巻とし、『鉗狂《けんきょう》人《じん》』をめぐって行われた「鉗狂人上田秋成評同弁」を下巻とする。そもそもはまったく別物であった二つが、秋成との議論という共通点により一つにまとめられたのである。書名は下巻末尾に置かれた次の歌に拠っている。

清めおく道さまたげて難波人あしかる物をとがめざらめや

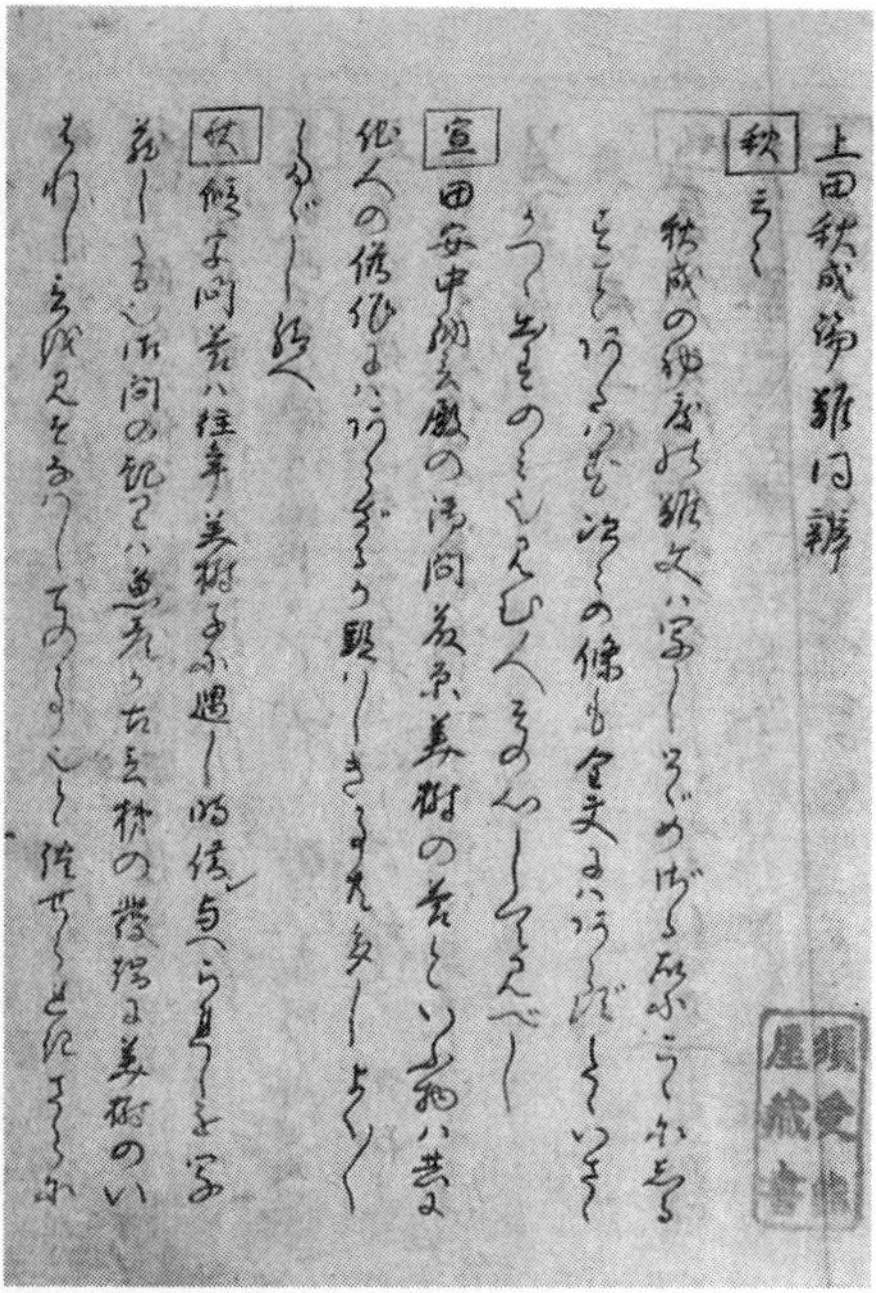
『呵刈葭』稿本（本居宣長記念館蔵）

歌意は、清らかにしておくべき皇国の道を妨げて何をしようとするのか、葭《あし》を刈るという難波《なにわ》の名に因《ちな》んで、その悪しき仕業を咎《とが》めようではないか、といったところであろう。「葭」は難波の縁語で、「葭刈る」

は「悪しかる」の掛詞《かけことば》。難波人とは当時大坂在住の上田秋成のことである。書名に関して、この歌によって「あしかりよし」と呼ばれたこともあったが、宣長自身は「カガイカ」と称していたので、これに従うのがよかろう。

まず上巻「上田秋成論難同弁」を検討したい。都合二度の応酬が行われたことがわかっている。これは天明六年（一七八六）から翌年にかけて行われたと推定される。事の発端は、秋成と親交があり、天明四年に宣長に入門した菊屋兵部《きくやひょうぶ》（荒木田末偶《あらきだすえとも》、一七三五〜一八〇一）が、宣長の国語研究に対して秋成が論難したものを宣長に寄越したことに始まる。秋成が標的にしたのは、『字音仮字用格《じおんかなづかい》』と『漢字三音考《かんじさんおんこう》』である。それらを対象にして秋成が論評したものに宣長が反論するという形態である。具体的に見ていきたい。

『字音仮字用格』の「おを所属弁」

『字音仮字用格』は安永四年（一七七五）正月の自序を持ち、翌年正月に刊行された。当該書は漢字一字一字について対応する仮字（仮名遣い）を特定したもので、仮名遣いに関するさまざまな創見にたどり着いた。とりわけ、「お」と「を」の五十音図の上での乱れを訂正した功績は大きい。現代では「お」はア行で「を」はワ行であることは自明であると考えられているが、鎌倉時代以来取り違えられて来たという歴史がある。これを正したのが『字音仮字用格』なのである。それは「おを所属弁」という一項に記されている。

おハ軽クシテあ行ニ属シ、をハ重クシテわ行ニ属ス。然《しか》ルヲ古来錯《まじ》リテ、をヲあ行ニ属テ軽トシ、おヲわ行ニ属シテ重トス。諸説一同ニシテ、数百年来イマダ其《その》非ヲ暁《サト》レル人ナシ。故ニ古言ヲ解《ク》ニモ、此《ノ》おをニツキテハ此彼《レレ》快カラザル事アリ。又字音ノ仮字《カナ》ヲ弁《わきまふ》ルニハ、イヨ〳〵旧本ノ如《ごと》クニテハ、諸字ノ仮字一ッモ韻書ト合《フ》者無ク、諸説コ、ニ至テ皆窮セリ。是《これ》ニ因《より》テ予年来此《ノ》仮字ニ心ヲ尽シテ、近キコロ始テ所属ノ錯レル事ヲサトリ、右ノ如ク是ヲ改《メ》テ験《ココロム》ルニ、古言及《ビ》字音ノ疑ハシキ者、悉《ことごと》ク渙然《かんぜん》トシテ氷釈セリ。

——「お」は軽くてア行に属し、「を」は重くてワ行に属す。それなのに、古来誤って「を」をア行に属して軽いものとし、「お」をワ行に属して重いものとしている。諸説はすべて同じで、数百年来まだその誤りを悟る人がいない。それゆえ、古語を解釈する時にも、この「おを」については、かれこれ不都合なことがある。また字音の仮名を論じる時に、いよいよ元の本のままであれば、さまざまの仮名は一つも韻書に適合することがなく、諸説はここに至って皆行き詰まってしまった。そこで私が長年、この仮名に心を尽くして、最近はじめてそれらの所属が錯誤していることを悟った。右のようにこれを改めて見てみると、古語および字音の疑わしいところがすべて氷が溶けるように疑惑がなくなった。

「お」と「を」の五十音図の上での所属は数百年、錯誤されてきたが、これを訂正することによって、古語の仮名遣いと漢字音とがともに説明がつくようになったという。ここで宣長が根拠とする「軽重」という用語は音韻学上の概念であるが、その内実は必ずしも明らかというわけではない。宣長は中国唐代の『韻鏡《いんきょう》』に基づきながらも、「皇国の音の軽重」という独特の概念を設定し、これを応用して「おを」の所属について新見を提出した（詳しくは釘貫亨『近世仮名遣い論の研究』を参照）。いずれにせよ、「軽重」という概念によって、あ行とわ行の音韻上の相違を明らかにし、そのことによって「お」と「を」の所属を訂正したわけである。

秋成との応酬

これに対して秋成は、この所属の変更を踏まえて、次のような質問をしている。

或人《ある》々は、あいうえのをはお也《なり》、わゐうゑのおはを也とて、位置をかへておを端とし、。をを奥とす云々《うんぬん》。いぬゐぬの通ひを何とかいふべき。

――ある人々が、「あいうえ」の次の「を」は「お」が正しく、「わゐうゑ」の次の「お」は「を」が正しいとし、位置を変えて「お」を最初の行に、「を」を最後の行にしている。「いぬ」「ゐぬ」と通用させていることはどう解決すべきでしょうか。

「或人々」などと言ってとぼけているけれども、これは明らかに宣長を指す。問題は「お」と「を」の所属を従来の位置を変更すると、「いぬ」と「ゐぬ」の意味が近似するのをどう説明するのか、というわけである。近世期には「五音相通《ごいんそうつう》」という用語があって、五十音の同じ行の音は互いに通用するという法則である。たとえば、「あま」と「あめ」のように、同じ行（マ行）であれば音が転用するというものである。「いぬ（犬）」と「ゐぬ（狗＝犬の子）」が五音相通であれば、「い」と「ゐ」が同じ行ということになるが、これはどのように考えればよいのか、という質問である。

　この問いに対して宣長は、あ行やわ行は元来音が通う例が多いという。たとえば、「われ」と「あれ」、あるいは「わかつ」と「あかつ」のように、同義語があ行とわ行に分かれて存在するところから、それらが音通（五十音の同じ段の音が転換する現象）によって転じたものであると考えられる。「いぬ」と「ゐぬ」もその例と同じであるというのである。この例示による議論はそれなりに説得力があったのであり、これに関して秋成は納得したようである。

さらに、秋成は次のような反論を試みている。

大は必おといひ、小は必をといふに、おは重くをは軽きことわり又たがへり。

――「大」は必ず「お」と書き、「小」は必ず「を」と書くのであるから、その所属を変えると、「お」は重く、「を」は軽いという道理の筋が通らなくなる。

大は大きいから重い音のはずなのに軽く、小は小さいから軽い音のはずなのに重い、というのは道理に反しているではないか、というのである。現代の目から見れば詭弁《きべん》と見えるこの議論も、当時においては十分に説得力を持つ議論であった。というのも、当時は音義説という考え方があり、秋成の反論はそれに基づいているからである。音義説とは、言葉の持つ音とその言葉が指し示す意味とが密接な関係を有するという考え方で、それによって語源を推定したり、意味を類推したりした。現代ではほとんど認められていないが、当時は国語研究の有力な方法であった。したがって、秋成の攻撃はそれなりに有効であった。だが、そのような通説を前に宣長は一歩も引かない。宣長は次のように反論している。

大はお小はをなるを以て、音の軽重をいふもひがこと也《なり》。凡《すべ》て言語の意の軽重と、その音の軽重とは別なる物にて、さらに相あづからぬ事也。されば言の意は大は重く、小は軽けれども、そは其《その》言の音の軽重にはかゝはらず。たとへば岩《イハ》は甚《はなはだ》重き物なれ共、いは甚軽き音也。綿は甚軽き物なれ共、わは重き音也。

――「大」は「お」、「小」は「を」であるからといって、音の軽重の問題を持ち出すのも間違いである。総じて言葉の意味の軽重と、音声の軽重とはまったく別物であって、相互に関係するものではない。だから言葉の意味としては「大」は重く「小」は軽くても、それはその言葉の発音の軽重とは関係がない。たとえば、「岩」は非常に重い物であるけれども、「い」はとても軽い音である。「綿」は非常に軽い物であるけれども、「わ」は重い音である。

言葉の意味の軽重と音の軽重を結び付けて考えるのは間違いであるときっぱりと述べている。ただ、このように主張するだけでは水掛け論であって、議論は平行線をたどってしまう。見解の相違だからである。宣長は反論の根拠を示すのである。それは例示による反論である。「岩」と「綿」という、見て明らかな軽重の違いを持つ物体を例にして、それらの音韻上の軽重が逆になっていると述べているのである。この反論は強力である。なぜならば、秋成が議論の前提とした、音の軽重と意味の軽重が釣り合うという原理が間違いであることについて、誰もが納得せざるを得ない具体例の提示によって証明したからである。これには秋成も言い返す言葉もなく、「おを」の所属に関する宣長の改正を支持することになった。

『漢字三音考』の「皇国の正音」

さて、秋成は『漢字三音考』も俎上に載せている。『漢字三音考』は天明五年（一七八五）春に出版されている。漢字の「三音」とは、漢音・呉音に加えて近来の唐音を指す。本書はそれらが日本に伝来した文化的背景を追究し、比較言語学的観点からの考察も見られるが、そのような研究を促した発想は、たとえば次のようなものであった（「皇国の正音」）。

皇大《スメラオホ》御国《ミクニ》ハ、天地ノ間ニアラユル万《ノ》国ヲ御照《ミテラ》シ坐《マシ》マス、天照大御神《アマテラスオホミカミ》ノ御生坐《ミアレマセ》ル本ツ御《ミ》国《クニ》ニシテ、即《すなはち》其《その》御後《ミスエ》ノ皇統《アマツヒツギ》、天地ト共ニ動キナク無窮《トコシヘ》ニ伝ハリ坐《マシ》テ、千万《チヨロヅ》御代《ミヨ》マデ天下《ノ》統御《シロシメ》ス御国《ミクニ》ナレバ、懸《カケ》マクモ可畏《カシコキ》天皇ノ尊《タフト》ク坐《マシ》マスコト、天地ノ間ニ二ツナクシテ、万国ノ大君《オホキミ》ニ坐《マシ》マセバ、異国々《アダシクニグニ》ノ王等《ドモ》ハ、悉《ことごと》ク臣ト称ジテ、吾御国ニ服事《ツカヘマツ》ルベキ理《ことわ》リ著明《イチジル》シ。然《しか》ルヲ禍津日《マガツビノ》神ノ心ニヨリテ、此《ノ》理蔽《オホ》ハレテ未《ダ》顕《あら》ハレズ。世《ノ》人ノ心皆外国籍《トックニブミ》ニ眩惑セラレテ、是ヲ悟ル事アタハズ。イトモ悲シキワザナリケリ。サテ如此《カク》尊ク万国ニ上《カミ》タル御国ナルガ故ニ、方位モ万国ノ初《ハジメ》ニ居テ、人身ノ元首ノ如《ごと》ク、万ノ物モ事モ、皆勝《スグ》レテ美《メデタ》キ中ニ、殊《こと》ニ人ノ声音言語ノ正シク美《メデタ》キコト、亦夐《またハルカ》ニ万国ニ優《マサリ》テ、其音清朗トキヨクアザヤカニシテ、譬《たと》ヘバイトヨク晴タル天ヲ日中ニ仰ギ瞻《ミ》ルガ如ク、イサ、カモ曇リナク、又単直ニシテ迂曲《マガ》レル事無クシテ、真ニ天地間《ノ》ノ純粋正雅ノ音也《なり》。

——日本は、天地の間にあるすべての国をお照らしになられる天照大御神《あまてらすおおみかみ》のお生まれになられた源の国であって、その御子孫の皇統は天地とともに動きなく永久に伝わりなされて、千万年の後の御代までも、天下を統治なさる御国であるので、言葉にするのも畏れ多い天皇の尊くていらっしゃることは、天地の間に二つとなくて、すべての国の大君でいらっしゃるので、諸外国の王達はすべて臣下と称して、わが国に服従すべき道理が明白である。それなのに、禍津日《まがつび》の神の心によって、この道理が覆い隠されてしまって、はっきりとあらわされていない。世の人の心は皆外国の書物に目をくらまされて、これを悟ることができず、まことに悲しいことであった。さて、このように尊く万国の上に立つ御国であるがゆえに、方位も万国のはじめにいて、人身の元首のようであり、あらゆる物事が皆すぐれて美しいなかに、とりわけ人の音声と言語の正しく美しいことは、またはるかに万国にまさって、その音は清朗と清く鮮やかであって、たとえて言えば、まことによく晴れた天を日中に仰ぎ見るようで、少しの曇りもなく、また単直であって曲がることなく、本当に天地の間の純粋で正雅の音である。

これは「皇国の正音」と題する項目である。日本は天照大御神が生まれた国で、これを歴代の天皇が継承して統治した国であるから、すべてにおいて外国に優越するという。これは第四章「自省の歳月」で見た「直毘霊《なおびのみたま》」や第六章「学問の完成」で見る『玉くしげ』などに頻出する常套表現であって、宣長が日本の優位性を主張する根拠となる事柄である。そのような国であるが故に、日本の「声音言語」は「純粋正雅ノ音」であると結論づけるのである。そして、それは五十音という整然とした音韻を用いて表されるという。それに対して、外国語は「朦朧《もうろう》ト渾濁《ニゴ》リテ」、「溷雑紆曲《こんざつうきょく》ノ音」が多く、「皆不正ノ音」であるというのである。こういった発想に基づいて漢字音の研究が行われたわけである。

古代に「ン」はあったか

このような自国中心主義から導き出される音韻研究は、首尾一貫して日本語の優位性を主張し、外国語の不正を指摘するものとなった。その中で「ン」という音をめぐる議論が論争の俎上に載せられた。宣長は「外国音正シカラザル事」の中で、次のように記している。

外国ニハ、韻ヲントハヌル音殊《こと》ニ多シ。ンハ全ク鼻ヨリ出ル声ニシテ、口ノ音ニ非《あら》ズ。故ニ余ノ諸ノ音ハ、口ヲ全ク閉《とぢ》テハ出ザルニ、此《この》ンノ音ノミハ、口ヲ緊《キビシ》ク閉テモ出ル也《なり》。サレバ皇国ノ五十連音ノ五位十行ノ列ニ入《ラ》ズシテ、縦ニモ横ニモ相通フ音ナク、タヾ孤《リ》立《チ》ナリ。然《しか》ルニ外国人ノ音ハ、凡《すべ》テ渾濁《クモリ》テ多ク鼻ニ触ル、中ニ、殊ニ此ンノ韻ノ多キハ、物言《モノイフ》ニ口ノミナラズ鼻ノ声ヲモ厠借《マジヘ》ル者ニシテ、其《その》不正ナル事明ラケシ。皇国ノ古言ニハ、ンノ声ヲ用ル者一ツモアル事ナシ。

――外国では「ン」とはねる音韻が特に多い。「ン」はまったく鼻から出る音声であって、口の音ではない。それゆえ、ほかのいろいろな音は口をまったく閉じては出ないものであるが、この「ン」の音だけは、口を堅く閉じても出るのである。だから、皇国の五十連音の五位十行の列にはいらないで、縦にも横にも相通う音がなく、ただ孤立している。ところが、外国人の音は、すべて混濁して鼻に触れるものが多いなかでも、特にこの「ン」の音韻が多いのは、物を言うのに、口だけでなく、鼻の音声をもまじえ借りるものであって、その不正なことは明らかである。皇国の古語には、「ン」の音声を用いるものが一つもないのである。

外国語には「ン」の音が多くあるが、日本語に「ン」の音はない。それというのも、「ン」は口を動かさず、鼻から出る音であるから、通常の音ではない。日本語における五十音の整然とした体系とはまったく異なる音である。この二点により、日本語に「ン」の音はなかったと推定する。それでは、外国語にある「ン」の音は一体何なのか。それは「不正」な音であるというのである。混濁した音であって「純粋正雅ノ音」ではないというのであろう。

このような主張に対して、秋成は次のように批判した。

古の人の言語にん゜の音なしといふは、私《わたくし》の甚しき物也《なり》。

日本の古代語に「ん」の音がないというのは、甚だしい私意であるというのである。実際にはあったにもかかわらず、ないと言い張るのは欺瞞《ぎまん》だというのであろう。これに対して宣長は次のように反論する。

私《わたくし》の甚しきとは何事ぞや。古《へ》の例証にもよらず、理《リ》もなき事を、己が思ふまゝに定めていはむこそ私ならめ。古言にん゜の音なかりしことは、明らかなる証拠共有《どもあり》て、既に本書にいへるが如《ごと》し。然《しか》るを音便にくづれたる後世の語例になづみて、古《へ》も必《かならず》かくの如くなりけむと思ふは、甚しきひがこと也。
——私意が甚だしいとは何事か。上古の例証にも拠らず、道理にも合っていないことを、自分の思うままに決めていうことこそが私意というものであろう。古語に「ん」の音がなかったことには明白な証拠がいくらでもあることは、すでに『漢字三音考』で言った通りだ。それなのに、音便によって崩れてしまった後世の用例にこだわって、古代も必ずこのようであったろうと思うのは、大変な間違いである。

宣長は秋成の批判はお門違いの言い掛かりであるというのである。「古の例証」とは文献実証主義の根幹をなす証拠であるし、「理」とは証拠がない場合の説得力のある道理のことである。それらは宣長が国学を構築する上でもっとも重視する事柄であった。そういった客観性や論理性をないがしろにする秋成の議論こそが私意ではないか、というわけである。さらには秋成の論拠とするものが「後世の語例」であるというのも気にくわない。古典研究の名に値しない杜撰《ずさん》さであり、「甚しきひがこと」と決め付けるのも故なきことではない。「ン」の実在の正否もさることながら、その証明方法の不備もまた批判の対象となっているのである。

「日の神」論争

最後に『呵刈葭《かがいか》』下巻「鉗狂人上田秋成評同弁《けんきょうじん》」に論及しておこう。これは宣長が藤貞幹『衝口発《しょうこうはつ》』を論駁《ろんばく》して記した『鉗狂人』に対して秋成がコメントを付し、それを宣長が論弁したものである。つまり、『鉗狂人』論争の続きである。やはり天明六年頃に成立したものとされる。秋成の書簡が菊屋兵部を通じて宣長に届けられ、これに宣長が批評をしたものので、秋成の再反論は確認されていない。下巻は別名「日の神」論争とも呼ばれるように、この論争の核心にあるのは、天照大御神（日の神）が実在の太陽であるとする宣長に対して、太陽は燃え上がる物理的な球体であると考える秋成という構図である。

そこで、日の神に関する議論に関して、『鉗狂人』から順にたどることにしよう。藤貞幹が『衝口発』「祭祀」において、天照大御神が崩御し、それを弔うために天鈿女《あめのうずめ》が巫女《みこ》の舞をしたことが辰韓《しんかん》の伝承に基づいているとする解釈を展開したが、これに対して宣長は一刀両断にこの説を切って捨てる。

そもゝゝ此《この》大御神はすなはち今日《コンニチ》まのあたり天にましゝゝて、四海万国を照し給《たま》ふ日の大御神にましゝゝて、常《トコ》しへにましゝゝます事、弁をまたず、古伝昭々たる物也《なり》。然《しか》るに近世なまさかしき学者、例のからぶみの小理になづみて、これを信ずることあたはず。

たゞ此国土に在《あり》し上古の人ぞと思ふから、くさ〲臆度の妄説をいひ、やゝもすれば崩御と申し、御陵の事を論ずるは、いともかしこくゆゝしき狂言也。もし此大御神崩御ましまさむには、天地は黒闇となりて、たちまち此世はほろびうせぬべき物をや。あなかしこ〱。又天鈿女の俳優を、辰韓より伝ふる古俗也とは、例の牽強の甚しき。弁をまたず。

――そもそもこの天照大御神はまさしく今日目《ま》の当たりの天にいらっしゃって、四海万国を照らしあそばされる日の大御神であらせられて、永遠にあり続けられることは弁ずるまでもなく、古伝説に明らかなことである。それなのに、近年のこざかしい学者は、例によって漢意《からごころ》に拘泥《こうでい》して、このことを信じることができない。ただこの国土にかつていた上古の人と思うがゆえに、いろいろと忖度《そんたく》して妄説を述べ、ややもすると崩御といい、御陵のことを論じるのは、とんでもなく畏れ多い狂言である。もしこの大御神が崩御あそばされる時には、天地は暗闇となって、たちまちにこの世は亡び失《う》せるものなのだ。なんとまあ畏れ多いこと。また天鈿女の歌舞を朝鮮から伝わった古俗であるというのは、いつものように甚だしい牽強付会であって、論ずるまでもない。

天照大御神は今も天にあって我々を照らしている太陽であって、それは永遠に不変であって、これを疑うのは「漢意《からごころ》」であるというのである。もし、天照大御神が崩御されたら、この世は暗闇になって滅亡の一途をたどることは火を見るよりも明らかであると宣長は言う。なぜここまで自信を持って言うことができるのか。それは古伝説が古事記、日本書紀に伝わっているからである。それが文献に書かれたことを信じるということだ。文献実証主義を標榜するためには、文献に記された内容についても、ことごとくこれを受け入れなければならないのだろう。天鈿女が辰韓から伝わったなどといった戯《ざ》れ言《ごと》を信じるわけにはいかないのである。

秋成の常識的相対主義

この『鉗狂人』の宣長説を読んだ秋成は、オランダ人によってもたらされた世界地図に記された日本の位置や大きさを引き合いに出して、宣長の皇国至上主義を諫《いさ》める。広い池にささやかな一葉を散らしかけた小島に過ぎないというわけだ。そのような小国のことを誰が信じるのかと。また、日本の古伝説のようなものはどこの国にもあるとした上で、次のように述べている。

天竺《てんぢく》は其始《そのはじめ》仏身の光明に国内を照したるが、其後に宝応吉祥の二菩薩に令して、日月を造らしむといへど、漢土《もろこし》は盤古氏の両眼日月と成れり共、又地皇氏の世定二三辰一ヲ分二昼夜一ともいへり。猶《なほ》文字の通はぬ国々にも種々《くさぐさ》の霊異なる伝説有《あり》て、他国の事は不レ可レ肯。

——天竺《てんぢく》では、はじめは仏神の光明が国内を照らしていたのを、その後、宝応《ほうおう》・吉《きっ》祥《しょう》の二菩薩《ぼさつ》に命じて日月を造らせたと言い伝えているけれども、漢土《もろこし》では、盤古《ばんこ》氏の両眼が日月になったとも、また地皇《ちこう》氏の世に三辰を定めて昼と夜を分けたともいう。なお、他に文字の通じない国々にも、いろいろと霊妙な伝説があって、他国の説を認めることはない。

天竺（インド）には菩薩が月日を造ったとあり、漢土（中国）では盤古氏の両眼が月日になったとも、地皇氏が昼と夜を分けたという伝説もある。他の国にもそれぞれに神話があって、それらが干渉し合うことはないというのである。世界地図にせよ、外国の神話にせよ、秋成の展開する主張は相対主義に拠っている。つまり、日本だけ特別とする皇国絶対主義に対して、それを外からの視点で相対化しようというのが秋成の論の要点といえよう。

宣長の古伝説絶対主義

この秋成の議論を宣長はどう受け止めたのか。

太古の伝説、各国にこれ有《あり》といへ共、外国の伝説は正しからず。或《あるひ》はかたはしを訛《なま》りて伝へ、或は妄《みだり》に偽造して愚民を欺くもの也《なり》。漢字の通ぜざる国々の伝説も、大氐類推すべし。かの遥の西の国々に尊敬する天主教の如《ごと》き、皆偽造の説也。然《しか》るにわが皇国の古伝説は、諸《もろもろ》の外国の如き比類にあらず、真実の正伝にして、今日世界人間のありさま、一々神代の趣に符合して妙《たへ》なることといふべからず。然るを上田氏たゞ外国の雑伝説と一ッにいひおとして、この妙趣をえさとらざるは、かの一点の黒雲いまだ晴《はれ》ざるが故也。

――太古の伝説はたしかに各国にあるだろうが、外国の伝説は正しくない。片端を誤って伝えたり、みだりに偽造して愚民を欺くものである。漢字が通じない国々の伝説もおおむね類推してみるがよい。かの遠い西洋の国々に尊敬するキリスト教のごときは、みな偽造された説である。しかし、わが皇国の古伝説は、もろもろの外国の古伝説とは類を異にして、真実の正伝であって、今日の世界と人間のありさまは一つ一つが神代の趣に一致して、その霊妙なことは言葉では表現できない。それなのに、上田氏はただ外国のいろいろな伝説と一緒くたにしてしまい、この妙趣を悟ることができないのは、あの漢意という一点の黒雲がまだ晴れていないからである。

皇国の古伝説は正説で、外国の古伝説は誤伝か偽造であるとして、双方が両立不可能であることを乗り越えようとした。この違いがわからないのは、心が漢意に曇らされているからだというのだ。ここには古伝説の相対化という発想はまったくない。皇国を絶対視することによってのみ、皇国の古伝説の真実に近づくことができると考えているのである。このように外国の古伝説を持ち出す秋成の議論は、ほとんど歯牙にも掛けない勢いである。

論争の後日談

なお、「日の神」論争において分が悪かった秋成は、後年になって『胆大小心録《たんだいしょうしんろく》』の中で次のように記している。

月も日も、目、鼻、口もあつて、人体にときなしたるは古伝也《なり》。ゾンガラスと云千里鏡で見たれば、日は炎々タリ、月は沸々タリ。そんな物ではござらしやらぬ。

――月も日も目も鼻も口もあって、人体に比定したのは古伝説である。ゾンガラス（サングラス）という望遠鏡で見ると、日は燃えさかっており、月は煮えたぎっている。

人の体のようなものではありません。

月や日を人格化して認識するのは古伝説であって、実際には月も日も燃え上がる球体であるというのである。言っていることはここでも常識に即した判断ではあるが、すでに宣長は死去していた。どうしても負け犬の遠吠えに聞こえてしまうのである。

以上のように、宣長の五十歳代には三つの大論争が行われた。論争は人を育てるのか、それとも憎しみを増大させるのか。いずれにしても、論争を通して宣長の古道論はますます磨きがかかり、さらに大きく飛躍するための好機となった。

第六章　学問の完成

一、版本というメディア

還暦の自画自賛像

研究者には誰しもピークというものがある。精力的に仕事ができる期間はおのずと限られている。幸いにもその時期に邪魔が入らず、健康にも恵まれ、仕事に集中できれば、みずからの学問を全うすることができる。宣長の場合、青年期から壮年期を経て老年期に至るまで、コンスタントに旺盛な仕事量をこなしているので、一体どの時期がピークなのか、はっきり言って不明である。だが、研究成果の公刊という点で言えば、間違いなく六十歳代がピークであった。というのも、宣長の生前に刊行された三十編余りの著作の内、実に半数が六十歳代のものだからである。

宣長の六十歳代は自画自賛像を描くところから始まった。次のようなものである。

これは宣長六十一寛政の二とせといふ年の秋八月に手づからうつしたるおのがゝたなり

筆のついでに

本居宣長六十一歳自画自賛像
（本居宣長記念館蔵）

しき嶋のやまとごゝろを人とはゞ朝日にゝほふ山ざくら花

還暦の年（一七九〇年）に我が姿を描き、歌を詠《よ》んだわけである。それは第四章「自省の歳月」で見た自画自賛像とはいささか趣の異なるものであった。「しき嶋の」は大和を導く枕詞で、「大和心」は第一章「国学の脚本」で見た「大和魂」と同義の言葉である。歌意は、太古からの日本人固有の心とは何かと聞かれたならば、朝日を浴びて照り映える山桜の花であると答えよう、といったところ。この歌の本歌は新古今集歌（春上・藤原有家《ありいえ》）であり、宣長は次のような注釈をつけている（『新古今集美濃の家づと』一の巻）。

有家朝臣

朝日かげにほへる山のさくら花つれなくきえぬ雪かとぞ見る

めでたし。上句詞《ことば》めでたし。桜花の、朝日にあたれる色は、こよなくまさりて、まことに雪のごと見ゆる物也《なり》。朝日影匂へる山と云《いふ》は、万葉の詞にて、それは朝日影の匂へる山なるを、此《この》歌にては、朝日影に山の桜の匂へるなり。つれなくと云詞、時にかなひていたづらならざるうへに、朝日影にもよせ有《あり》。

——すぐれた歌である。上句の詞がよい。桜花に朝日があたっている色は、この上なく優美で、本当に雪のように見えるものである。「朝日影匂へる山」というのは万葉集の言葉であり、それは朝日影が照り映える山であるが、この歌では朝日影に山の桜が照り映えるのである。「つれなく」という言葉は時宜にかなって適切である上に、「朝日影」の縁語でもある。

この新古今集歌ももとは万葉集歌を本歌としているが、これを再び本歌として歌を詠んだのである。ここでは「上句詞めでたし」と絶賛しているところに注目したい。「朝日かげにほへる山のさくら花」というフレーズが万葉集歌に基づきながらも、朝日を浴びて照り映えるのが「山」から「桜」へと転じていることを強調しているのである。

そもそも宣長は花の中でももっとも桜を愛しており、このような桜讃歌は至るところに見られる。四十四歳の時の自画像に添えられた歌にも桜が詠まれていたし、晩年には『枕の山』という桜三百首歌を詠んでいる。また、『遺言書』には、自分の死後は山室山《やまむろやま》に墓所を築き、その上に山桜を植樹するように指示し、自らの諡《おくりな》として「秋津彦美豆桜根大人《あきづひこみづさくらねのうし》」と命名している。桜に対する愛着が並々ではなかったことがうかがえる。

そういった中でも朝日を背景に咲く桜は特にお気に入りで、『玉勝間《たまがつま》』六の巻「花のさだめ」には、次のような文章を記している。

花はさくら。桜は、山桜の、葉あかくてりて、ほそきが、まばらにまじりて、花しげく咲たるは、又たぐふべき物もなく、うき世のものとも思はれず。（中略）空きよくはれたる日、日影のさすかたより見たるは、にほひこよなくて、おなじ花ともおぼえぬまでなん。朝日はさら也《なり》、夕ばえも。

——花は桜、その桜は山桜で葉が明るく光って細いのがまばらに混じって、花が繁《しげ》く咲いたのは、また較《くら》べるべきものもなく、この世のものとも思えない。（中略）空が清らかに晴れた日に、日の光が射す方から見たのは、色がこの上なくて、同じ花とも思えないほどである。朝日に照り映えた桜は言うまでもなく、夕映えに見てもすばらしい。

山桜讃歌である。その美しさはこの世のものとも思えないとした上で、とりわけ朝日の射す晴れた日に見る山桜は、「おなじ花」と思えないと述べている。「朝日に匂ふ山桜花」という表現が、単なる歌言葉としてだけではなく、現実の姿としても麗《うるわ》しいと考えているのである。

この歌は単なる還暦の自賛歌というだけではなく、自分の死後に歌会を行う際に掲げるように指定するものなのである。歌会の時に掲げる肖像といえば、人丸影供《ひとまるえいぐ》がある。人丸影供とは柿本人麻呂《かきのもとのひとまろ》を歌聖として祭り、歌合や歌会をおこなって供養する伝統的行事である。子孫に自画自賛像を掲げて歌会をおこなわせる宣長は、わが身を人麻呂になぞらえているのかもしれない。それはともあれ、還暦の秋に自画自賛像を描き、充実の六十歳代が始まった。

宣長の版本観

さて、ここで宣長の六十歳代における出版物を見る前に、宣長が版本というものをいかに考えていたのかということを検討しておこう。宣長は門弟の要望を聞き入れて自著を上梓することが多かった。多忙で講義に出席できない弟子を慮《おもんぱか》ってのことだったが、それは遠隔地の弟子を指導する上の便宜でもあった。そのために宣長は膨大な数の著作を出版したのである。むろん、手放しで版本を礼賛していたわけではない。版本と写本の役割の違いを正確に認識していたのである。『玉勝間』一の巻「古書どものこと」で次のように記している。

万《よろづ》のふみども、すり本《マキ》と写し本《マキ》との、よさあしさをいはむに、まづすり本《マキ》の、えやすくたよりよきことは、いふもさら也《なり》。しかれども又、はじめ板にゑる時に、ふみあき人の手にて、本のよきあしきをもえらばずてゑりたるは、さらにもいはず、物しり人の手をへて、えらびたるも、なほひがことのおほかるを、一たび板にゑりて、すり本出《いで》ぬれば、もろもろの写本《シ》は、おのづからにすたれて、たえぐ／＼になりて、たゞ一つにさだまる故に、誤《リ》のあるを、他本《アダシマキ》もてたゞさむとすれども、たやすくえがたき、こはすり本《マキ》あるがあしき也。

――すべての書物について、版本と写本との、それぞれの長所と短所とを言うと、まず版本が簡単に手に入って便利であることは言うまでもないことである。しかしまた、最初に版本に彫る時に、書肆《しょし》のもとで本の良し悪しを選ばないで版本にするのはもちろんのこと、その方面に見識のある人が選んだ本にも、なお間違いが多いのである。それらが一度板に彫られて版本が世に出てしまうと、多くの写本は自然とすたれてしまい、その数も少なくなって、たった一つの版本が読まれるようになるから、間違いがあるところを他の本で校合《きょうごう》しようとしても、それらの写本は簡単には入手できない。これは版本があるための短所である。

版本と写本の違いを明確に論じている。一般に版本は入手の便のために重宝するけれども、その版本の原版に間違いがある場合に取り返しのつかないことになってしまうというのである。間違った版本が流布することによって、正しい本文を持つ写本が湮滅《いんめつ》する。悪貨は良貨を駆逐するという諺《ことわざ》があるが、悪い版本は良い写本を駆逐するということである。量的拡大が質的低下を招くわけである。このような版本のデメリットを考えると、写本のメリットが浮上する。次のように続ける。

> 皇朝の書どもは、大かた元和寛永のころより、やうやうに板にはゑれるを、いづれも本あしく、あやまり多くして、別によき本を得てたゞさざれば、物の用にもたちがたきさへおほかるは、いとくちをしきわざなりかし。然《しか》るにすり本ならぬ書どもは、写し本はさま〴〵あれば、誤《リ》は有《あり》ながらに、これかれを見あはすれば、よきことを得る、こは写本にて伝はる一つのよさ也《なり》。

——日本の書物は、だいたい元和《げんな》・寛永《かんえい》の頃（十七世紀前期）から、ようやく版行されたのだが、それらはどれも原本が悪く、間違いが多くて、別に良い写本を入手して校合しなければ役に立たない場合さえ多いのは、大変残念なことである。一方、版本でない書物は、写本は種々あるから、各写本に間違いはありながらも、あれこれと見合わせると、良い結果を得る。この点は写本で伝わっている長所の一つである。

近世初期に刷られた版本はよくない原本に基づいているから間違いも多いが、版本で事足りると思っているから始末が悪い。それに対して、写本はそれぞれに間違いも多いが、お互いに校合してみれば使えるところもあって、かえって写本のほうがよいというのである。この版本写本比較論はたしかに説得力がある。しかしながら、現実と乖離《かいり》している。そもそも版本と写本とは、同じ条件の下に二者択一できるような代物《しろもの》ではない。宣長もそのことは十分承知していた。そして、次のような結論に到達した。

然《しか》はあれども、写本はまづはえがたき物なれば、広からずして絶《たえ》やすく、又写すたびごとに、誤《リ》もおほくなり、又心なき商人の手にてしたつるは、利をのみはかるから、こゝかしこひそかにはぶきなどもして、物するほどに、全くよき本はいとまれにのみなりゆくめり。さればたとひあしくはありとも、なほもろ〳〵の書は、板にゑりおかまほしきわざなり。

——そうではあるけれども、写本は普通には入手しがたいものなので、世に広まることもなく散佚《さんいつ》してしまいやすく、また写すたびに誤写も多くなる。また良心的でない本屋が本を仕立てると、利益のみを目的とするために、あちこちをそっと取り除いたりなどして一冊に仕立てるから、完璧な本はごく稀になってしまうようである。だから、たとえ短所はあっても、なお種々の書物は版本にしておきたいものである。

生前に刊行された版本（本居宣長記念館蔵）

本当は写本のほうが良いのだけれども、入手は困難であるし、誤写は重なるしで、問題が多い。「商人の手にてしたつる」本とは、貸本屋などが筆耕に造らせた筆写本を指す。これも本屋の商業主義によってクオリティーが低いものであるから、結局のところ版本がメディアとしては悪くないということである。

このように宣長は版本の短所を十分に認識しながらも、やはり稀少な写本と比べると、やはり版本は必要であると考えたのである。その結果、自著の刊行に際して、細心の注意を払って上梓することを自らに課した。稿本（下書き）は初稿、再稿を経て清書してから板下《はんした》を作った。刷り上がった校正（ゲラ）も校合刷《きょうごうずり》で確認し、二番校合を取って再確認することもあった。そのようにして、ようやく版本が出来《しゅったい》したのである。このような作業も含めて出版である。それゆえ、出来上がった版本を手に取った時の宣長の喜びは想像に余りある。単に自著を一度に大量生産するといった姑息《こそく》な考えではなかったのである。

二、古道学書の出版

寛政二年の三書

それでは宣長の六十歳代の出版物を概観することにしよう。第一章で言及したように、宣長学は大きく古道学と歌学に分類することができる。宣長が六十歳代に出版した書物を古道学、歌学の順で、原則として時系列により紹介することにしよう。

寛政二年（一七九〇）には、三点の古道学の書籍を公刊した。まず、二月に出版したのは『神代正語《かみよのまさごと》』である。前年五月の宣長の自序が備わっているほか、栗田土満《ひじまろ》（一七三七〜一八一一）と横井千秋《ちあき》（一七三八〜一八〇一）の序跋《じょばつ》が置かれている。第一章でも少し言及したように、本書は古道学の書物である。古事記・上巻（神代巻）を新たに訓読し、日本書紀によって異文校合をして、漢字仮名交じり文で表記して抄注を加えたものである。つまり、『古事記伝』のコンパクト版といったところである。後述するように、同年には『古事記伝』初《しょ》帙《ちつ》が上梓されている。同類のものが刊行された理由は、門弟の横井千秋の強い希望によると考えられる。千秋によれば、古事記・上巻は麗しい大和言葉で訓読したものがないので、世の人が上代語を知るきっかけにもなり、『古事記伝』伝播《でんぱ》の呼び水としても意味があるというわけである。

『玉くしげ』と待望の『古事記伝』出版

引き続いて三月には、『玉くしげ』が出版された。刊記は前年十一月であったが、実際の刊行は四ヶ月遅延した。『玉くしげ』の上梓もまた横井千秋の慫慂《しょうよう》による。そもそも「玉くしげ」なる書物は、天明の飢饉《ききん》の折に紀州藩主徳川治貞《はるさだ》（一七二八〜一七八九）が広く領内から治政上の意見を集めた際に、宣長がまとめて奉《たてまつ》ったものである。書名の由来は次の歌に拠っている。

身におはぬしづがしわざも玉くしげあけてだに見よ中の心を

歌意は、身分不相応な自分の進言ではあるけれども、心のうちをせめて開けて見て下さい、といったところである。この治道経世上の進言を記した「玉くしげ」の付録として、古道論の上の原理を述べたものを添付した。それゆえ「玉くしげ別巻」と命名された。ところが、この別巻の方だけを出版することになり、これに「玉くしげ」という書名が付されることになったのである。当の治道経世の書は出版が憚《はばか》られる内容であるという判断から、宣長の生前には篋底《きょうてい》に秘された。それがどういう経緯からか、幕末に刊行されることとなり、「秘本玉くしげ」と称するようになったのである。したがって、「玉くしげ」という名称は、写本としては治道経世論の書、版本としては古道論の書という両義を有することとなった。ここでは版本『玉くしげ』(古道論)を対象にする。

『玉くしげ』は先に引用した歌に続いて、古道論の真髄を披瀝《ひれき》し、日本の優位性を主張するのである。

まことの道は、天地の間《アヒダ》にわたりて、何《イヅ》れの国までも、同じくたゞ一すぢなり。然《しか》るに此《この》道、ひとり皇国《ミクニ》にのみ正《タダ》しく伝《ツタ》はりて、外国《グワイコク》にはみな、上古より既《スデ》にその伝来《デンライ》を失《ウシナ》へり。それ故に異国《イコク》には、又別《ベツ》にさま〳〵の道を説《トキ》て、おの〳〵其《その》道を正道のやうに申せども、異国《イコク》の道は、皆末々《スヱズヱ》の枝道《エダミチ》にして、本《もと》のまことの正道にはあらず。たとひこゝかしこと似《ニ》たる所《トコロ》は有《リ》といへども、その末々の枝道《エダミチ》の意をまじへとりては、まことの道にかなひがたし。

——真実の道は天地の間に広がって、どの国までも同じ一筋である。だが、この道はただわが国にだけ正しく伝わって、外国ではみな古い時代からすでにその伝統を失っている。それゆえに外国ではまた別にさまざまな道を説いて、それぞれがこれが正しい道のように主張するけれども、外国の道はみな枝葉末節の道であって、本来の真の道ではない。たとえ少し似たところがあるとはいっても、その末端の枝道の意を混ぜ合わせてしまうと、真の道には適合しない。

皇国（日本）と外国とのもっとも大きな違いは何なのか。それは「まことの道」が伝わったかどうかということであるという。「まことの道」とは、第四章「自省の歳月」で見たように、記紀に記された道である。そのような道が伝わった日本は、万国の中でもっともすぐれた国であり、それが伝わらなかった外国は劣る国であるというのである。こういった理念に基づいて、為政者が行うべき道を示した。そのいうところは、古道論に従って治世を行えば、下たる民は付き従い、国は自然と治まるというものである。宣長の古道論が単なる古代思想の体現を目的としたものではなく、実際の政治にも有効であることを示したのが『玉くしげ』であったということができよう。

寛政二年九月には、待望の『古事記伝』初帙が出版された。『古事記伝』全四十四巻のうち、最初の五巻である。古事記研究については折に触れて言及してきたが、ようやく刊行の運びになったのである。真淵《まぶち》との出会い「松坂の一夜」から数えて三十年近くが経過していた。本書が出るまでは、古伝説を知る唯一の書物は日本書紀であって、古事記を本格的に研究する者はいなかった。本書が出てはじめて、古事記は日本書紀と並び称される古典になったのである。門弟からの要請ではなく、自発的に私財を投じて出版に踏み切った数少ない書物の一つである。なお、『古事記伝』は寛政四年閏《うるう》二月には第二帙《ちつ》（巻六〜十一）、寛政九年五月には第三帙（巻十二〜十七）を刊行している。つまり、古事記上巻（神代巻）が寛政期に刊行されたということになる。宣長がもっとも重要視した神代巻の注釈は、六十歳代に刊行されたのである。それ以後の巻は宣長没後の刊行である。

百科全書的な随筆『玉勝間』

さて、寛政七年（一七九五）六月には、『玉勝間《たまがつま》』初篇（巻一・二・三）が刊行された。それは古道学のみならず、歌学にも及ぶ百科全書的な随筆であった。書名は巻頭に置かれた次の歌に由来している。

言草のすゞろにたまる玉がつまつみてこゝろを野べのすさびに

歌意は、言葉が思いがけなくもたまったので、美しい籠をつくろう。そうすればわが心を紛らわせることもでき、野辺での遊びもできる、といったところだろう。「野べ」は心を「延べ」と「野辺」の掛詞。思索の合間に書きためた文章を載せる器が玉勝間であった。雑多な内容を含むが、古道学に関する記事に言及することにしよう。その中でも内容が禁忌に触れたために差し替えになった条項があることはあまり知られていない（詳細は杉戸清彬編『玉がつま三の巻―初版本』参照）。巻三の「神武天皇の御陵」と「とかたといふ詞」の二条である。この条項は当初はそのような内容ではなく、「儒者孔子を尊むこと過て周公を尊むことたらずといふ論《あげつら》ひ」と「周公旦孔丘孟軻《こうきゆうもうか》」という二条が初版本の内容であった。この二条が差し替えになった理由は、その過激な内容にあった。たとえば、後者の項目には次のような文章がある。

周公旦は、いとわろき人にて、おほかたかのもろこしの国俗《クニブリ》の、さくじりあしくて、うはべをかざり、偽《リ》おほくて、したの心のきたなきも、おほくは此《この》如来の、いざなひなして、いやまさりたる物にして、かの周の代の末のみだれ、秦のからき政《まつりごと》なども、その本《もと》をよく尋ぬれば、かへりて皆周公旦がさかしき教《へ》より引出《デ》つる物ぞかし。

――周公旦はたいそう悪い人であって、総じて漢国《からくに》の習俗がずる賢くて、表面を取り繕い、虚偽が多くて、下心がけがれているのも、その多くは周公旦が先導していよいよ増したのであって、あの周代の末の乱れや秦代の苛政なども、その根本をよくよく調べると、かえってみな周公旦のこざかしい教えから誘引されたものなのだ。

儒教の祖である周公旦をあたかも「漢意《からごころ》」の権化と見なし、悪人呼ばわりしているところが、儒教を奉じる徳川幕府の政策に抵触するという自己規制が働いたものと考えられる。とりわけ出版当時は寛政異学の禁が継続していた時期なので、このような露骨な儒教批判は憚られると考えたのかもしれない。ちなみに、『玉勝間』は江戸の有力な版元、蔦屋重三郎《つたやじゅうざぶろう》から出版されている。寛政改革の余波を受けて筆禍事件に巻き込まれた蔦屋の経歴を考慮すれば、差し替えやむなしと判断したのも納得できる。いずれにせよ、宣長の古道学が当世の思想統制とまったく無関係ではいられなかったということは明らかである。なお、『玉勝間』二篇（巻四・五・六）は寛政九年（一七九七）十二月に、三篇（巻七・八・九）は寛政十一年九月に、それぞれ刊行されている。四篇以降は宣長没後の刊行である。

寛政八年の三書

寛政八年（一七九六）には、三点の古道学の書籍を公刊した。まず、春には『大祓詞《おおばらえのことば》後釈《ごしゃく》』を上梓した。これは同年七月に刊行した『出雲国造神寿《いずものくにのみやつこかむよごと》後釈《ごしゃく》』とともに、『延喜《えんぎ》式《しき》』巻八に載る祝詞《のりと》を対象とした注釈である。『大祓詞後釈』は賀茂真淵の『祝詞考』「大祓詞」の条項に対する「後釈」の意である。「大祓詞」は「中臣祓《なかとみのはらえ》」とも言われ、日本人の罪と禍《わざわい》とを祓う儀式に用いられる祝詞で、通常六月と十二月に読まれるようになった。一方、『出雲国造神寿後釈』は、出雲の国造が新任した際に一年間の潔斎の後、朝廷に出向して天皇に奏上される出雲の神々からの祝いの詞「出雲国造神賀詞《いずものくにのみやつこかむよごと》」の注釈で、同じく『祝詞考』に対する「後釈」の意である。いずれも「考云」として『祝詞考』の条が逐一あげられ、これに対して宣長が批判し修正した説が記されている。祝詞研究は万葉研究とともに古代語と古代精神を習得するために必要不可欠なテキストであり、その注釈をおこなったことは、真淵の薫陶が宣長に伝えられた歴とした証であると言ってよい。

次に、同年四月には『馭戎慨言《ぎょじゅうがいげん》』を出版している。これは古代から豊臣政権までの日本外交史の研究書であるが、第四章「自省の歳月」で言及したので省略する。

『天祖都城弁弁』

寛政九年（一七九七）には、五月に『天祖都城弁弁《てんそとじょうべんべん》』を刊行した（刊記は正月）。『天祖都城弁弁』は河北景楨《かわきたかげさだ》『天祖都城弁』（明和四年十月成）を俎上に載せ、反論を試みたものであり、「高天原《たかまのはら》」を大和国や豊前国《ぶぜんのくに》とする先行文献に対して、あくまでもその所在を「天上」であると結論づけたものである。それでは、なぜそのことがわからなくなってしまったのか。宣長はそれを漢意《からごころ》に毒され、正常な判断力を失ってしまったからだという。

皇国《ミクニ》人も、こと〱くその漢籍《カラブミ》におぼれ惑《マド》ひて、そをひたすらにかしこきことに思ひとりて、かの妙《タヘ》なることわりを思はず、万《ヅ》の事に、たゞ己がさかしらをのみ、さきにたてて、古《ヘノ》伝《ヘ》をば信ぜず、神代の奇異《クスシ》き事共をもみな、よのつねの理《リ》に合《アフ》さまに、説枉《トキマゲ》て、高天原《ノ》といへるは、帝都のよしぞ、天照大御神は、此国《この》にまし〱し神聖ぞとやうに、おのが心に好むかたにまかせて、いひなせるものにこそあれ、古典には、さるさまの説は、かつてなきこと也《なり》。

――皇国の人もみなそのような漢籍に惑溺して、漢籍をひたすらにすばらしいものと思って、かの妙なる理《ことわり》を考えず、万事につけてただ自分のこざかしさだけを先立てて、古伝説を信じず、神代の奇異な事柄もすべて尋常の道理に合うように曲解して、高天原は帝《みかど》のいる都のことだとか、天照大御神はこの国にお出《い》でになった神聖だというように、自分の嗜好に合わせて主張したものであるが、古典籍にはそのような説は書かれていないことである。

漢籍にかぶれた儒学者は記紀に伝えられた古伝説を信用せず、通り一遍の道理にあてはめて解決しようとするという。つまり、高天原は漢国でいえば国の中心地に当たるから「帝都」であるとし、天照大御神はその国を司る者であるから「神聖」であるといった解釈をするが、そのようなことは古典籍に書かれていないという。あくまでも古伝説の記された記紀によって正否を判断するという絶対的基準を宣長は持っていた。その信念はゆるぎのないものだった。そうであったからこそ、前章「論争の季節」で見たように、一歩も引かない態度をとり続けることができたのである。なお、『天祖都城弁弁』は安永二年（一七七三）までにはすでに成立したものとされている。それがこの時期に刊行されたのは、宣長の自著公刊の意欲が高まった寛政年間（六十歳代）だったからであると考えることができよう。

三、歌書の出版

『玉あられ』

寛政年間が古道学の完成期であったように、歌学の完成期でもあった。古道学の書物と同様に数多くの著作を刊行しているのである。順に見ていくことにしよう。寛政四年（一七九二）春に『玉あられ』が刊行された。『玉あられ』は門弟達の歌と文に関する間違った語法や俗な表現を正すことを目的として、「歌の部」に六十五項目、「文の部」に四十五項目を設けて論じている。その要諦は自序の冒頭に置かれた次の歌に込められている。

玉あられまなびのまどに音たてておどろかさばやさめぬ枕を

歌意は、夢から目覚めない人々に対しては、霰《あられ》のように学舎の窓に音を立てて眠りを覚まさなければならないといったところである。それでは覚めない夢とは何なのか。そのことは自序に明確に記されている。

のりなが、近きよの此《この》わろきくせを、世ノ人どものさもえさとらで、たゞよしとのみ思ひをるが、かたはらいたさに、それおどろかさまほしくて、常にみゝなれたることども、おもひ出るまゝに、これかれと書出《かきいで》て、いささかづゝさだめいへり。もらせることはなほいと多かるを、そはみななずらへてもさとりねかしとぞ。

――私宣長は、近年の歌文に関する悪い癖を世の人が悟ることができないで、ただよいとばかり思っていることが心苦しいので、それを気付かせてあげたくて、常に耳に馴染んだことも思い出すにまかせて、あれこれと書き出して、少しずつ論定した。遺漏もまだ多いが、それは書いたことに準拠して悟って下さい。

歌と文を学ぶ門弟達が古語の誤用や通俗の用法に馴染んでいることから救いだそうという目的で記されたものである。本書は個別具体的な用例に基づいて論じているために、極めてわかりやすい叙述となっている。詠歌や作文を事とする国学者にとって、非常に便利な書物であると言ってよい。宣長の没後、これと類似の書物が次々と著されたことによっても、本書の先見性と有用性が証明された。

『手枕』と『菅笠日記』

寛政七年（一七九五）には、三点の歌学の書籍を公刊した。まず、『玉勝間』初篇が上梓された六月に、『手枕《たまくら》』が刊行された。宝暦十三年（一七六三）にはすでに草稿が出来上がっていたとされるが、出版されるのは三十年以上後になってからであり、門弟の大館高門《おおだちたかかど》（一七六六～一八三九）の要請によってであった。版本に付された高門の跋文に次のようにある。

此《この》ふみは源氏の物語に六条御息所の御事のはじめの見えざなるを、わが鈴屋大人《うし》のかのものがたりのふりをまねびてはやくものし給《たま》へりしを、おのれこたみこひもとめ出《いで》て同じこゝろの友たちのために板にゑりつる也《なり》。

――この書物は源氏物語に六条御息所との交際の始まりが見えないようであるので、宣長先生がこの物語の文体をまねて、早くから執筆していたのを、私がこの度先生にお願いして志を同じくする友人のために版行したのである。

光源氏と六条御息所との馴れそめを書き継いだもので、源氏物語の空白を埋める作業をおこなったものである。擬古文は国学者の習作と見られがちであるが、物語としても読むに堪えるクオリティーを有している。むろん、文章表現の上では平安朝物語文学の文体と語法を応用した見事な出来栄えで、宣長がいかに深く源氏物語を熟読していたかがわかる。宣長の源氏論は第三章「人生の転機」で見た「物のあはれを知る」説が著名であるが、『手枕』は物語創作の形を装った源氏論と見ることもできる。いずれにせよ、『手枕』は物語文学理解の一助として門弟のために出版されたのである。

寛政七年夏に『菅笠日記《すががさのにき》』が刊行された。第四章で言及したように、旅自体は明和九年（一七七二）に行われたものである。書名の由来は末尾に置かれた次の歌に拠る。

ぬぐもをし吉野のはなの下風にふかれきにけるすげのを笠は

歌意は、吉野山の花の下を通る風に吹かれるので、この菅の小笠を脱ぐのは惜しいことだの意である。旅の目的は、この歌に示されたように吉野山の桜を思う存分見ることと、宿願の水分《みくまり》神社への参詣とであったが、この旅日記はそういった旅の内容もさることながら、その表現にこそ主眼があった。全編雅語で織りなされた和文に折に触れて詠まれた和歌、そして随所に差しはさまれた注釈は、これを読む者が古典文学の修養に益するに十分なものであった。本書の刊行は初学者への古典文学の指南という目的があったと思われる。

『新古今集美濃の家づと』

寛政七年十月には、『新古今集美濃の家づと』が刊行された。当該書は新古今集の中から新古今時代の歌六九六首を抄出し、注解したものである。寛政二年三月には成立していたようで、書名は門弟の大矢《おおや》重門《しげかど》（?～一七九六）が松坂留学を終えて美濃に帰る際に、手土産として持たせるために執筆したものであり、その時に詠まれた歌に拠っている。

これをだに家づとにせよ伊勢の海かひはなぎさの藻屑《もくづ》なりとも

歌意は、この新古今集の注釈をせめてもの手土産にしてほしい、伊勢の国に来た甲斐はそれくらいしかないとしても、といったところ。「かひ」は「甲斐」と「貝」の掛詞、「なぎさ」は「無き」と「渚」の掛詞で、「貝」と「渚」は「海」の縁語である。このように門弟への贈り物として著された注釈書であるが、その重門の願いによって出版されることになった。的確な語法の指摘や大意要約など、その中身は現代でも通用するレベルである。巻頭歌を例にして、注釈内容を見てみよう。

春たつ心をよみ侍ける　　摂政太政大臣

みよし野は山もかすみてしら雪のふりにし里に春は来にけり　（春上・一）

めでたし。詞《ことば》めでたし。初句はもじ、いひしらずめでたし。のともやともあらむは、よのつねなるべし。

詞に対する絶賛から始めているが、注釈のポイントは「みよし野は」の「は」文字である。これはどういうことかというと、「みよし野の」や「みよし野や」というのであれば平凡である、というのである。「みよし野の」とすると、吉野は「山」にだけかかっていき、第四句「里」は吉野の里以外の里を指すように聞こえてしまうし、「みよし野や」とすると、第二句「山」のやの字と重なって聞き苦しい。そのようなことを踏まえて、簡潔な表現ながら、要点を押さえた指摘と言ってよかろう。宣長の新古今至上主義がこのような形で結実したのである。

『古今集遠鏡』と『美濃の家づと折添』

寛政九年（一七九七）には、二点の歌学の書籍を公刊した。まず、正月には『古今集遠《とお》鏡《かがみ》』が出版された。本書は古今集の長歌・真名序を除いて、仮名序・短歌のほとんどすべてを当時の口語に訳し、口語訳の後に随時注釈を付している。注釈に口語を用いるのは必ずしも珍しいことではないが、和歌全文を口語に訳すのは『古今集遠鏡』がはじめてである。書名は凡例の冒頭に置かれた次の歌に拠っている。

雲のゐるとほきこずゑもとほかゞみうつせばこゝにみねのもみぢ葉

歌意は、雲の佇《たたず》むような遠い木の梢も望遠鏡を通してみると、ここに嶺の紅葉が手に取るように見えるといったところである。この歌の中で「遠鏡」の縁語として詠まれた「うつせば」という語が重要である。この歌では鏡に「映す」の意として用いられている。タイトルの「遠鏡」もさることながら、この「うつす」なる語こそ、宣長の口語訳理論を象徴的に表す言葉なのである。「うつす」という言葉は、あたかも言霊《ことだま》を持つかのように意味の自己増殖を始める。冒頭の和歌に引き続いて、「例言」は次の一文で始まるのである。

此書《この》は、古今集の歌どもを、こと〴〵くいまの世の俗語《サトビゴト》に訳《ウツ》せる也《なり》。

本書は古今集を当世の俗語に訳したものであるという。付されたルビに注目すると、「俗語」に「サトビゴト」の振り仮名があるのは訓読みとして妥当であるが、「訳せる」に「ウツせる」という振り仮名を付しているのは注目してしかるべきである。つまり、宣長にとって、訳《うつ》すことは鏡に映《うつ》すことであり、原寸大に写《うつ》すことであり、時空を移《うつ》すことであった。このような言霊によるイメージの増殖は単なる比喩ではなく、翻訳論に及ぶ射程の長さがある。それでは、宣長が口語訳をする上で、どのような工夫をしたのか。古今集の巻頭歌を見てみよう。

　　ふるとしに春たちける日よめる　　在原《ノ》元方《もとかた》
年のうちに春は来にけり一とせをこぞとやいはむことしとやいはむ　　（春上・一）

この歌を宣長は次のように口語訳している。

年内ニ春ガキタワイ　コレデハ　同ジ一年ノ内ヲ　去年ト云タモノデアラウカ　ヤツパリコトシト云タモノデアラウカ

実に正確な逐語訳であると言ってよい。「春は」を「春ガ」としたり、「けり」を「ワイ」と訳したりといった訳出法もさることながら、「コレデハ」と「ヤツパリ」という訳語に傍線を付しているところに注目したい。これは原文に対応する言葉がない場合の処置である。要するに、口語訳する際に言葉を補った場合、それが原文にないことを明示するために傍線を施しているのである。この処置は、単に和歌の内容を口語で確認するだけであれば必要ないものであろう。それは和歌を学習する者が原文と訳文を比較して訳出法を習得するための処置なのである。つまり、『古今集遠鏡』は門弟への和歌研究の指南のための書物であったということである。

寛政九年の三月には、『美濃の家づと折添《おりそえ》』を刊行した。同書は『新古今集美濃の家づと』の方法を継いで、千載集と新勅撰集をはじめとする十三代集の中から、新古今時代の歌三五八首を抄出して注解したもので、寛政三年四月には成立していた。巻頭に置かれた歌が当該書の趣旨を表している。

家づとに残れる花もをりそへつおなじ山路の末をたづねて

歌意は、『新古今集美濃の家づと』に盛り込めなかった歌の花を手折って添えたことだ、同じ新古今という山の裾野に咲いた花を求めて、といったところ。すなわち、『美濃の家づと折添』は『新古今集美濃の家づと』の続編である。しかも、新古今時代の歌を称揚するという目的に即した選歌がなされているということが重要である。要するに、宣長にとって新古今集という歌集全体がよいのではなく、新古今時代の歌人が詠んだ歌がよいというのである。ここに宣長の嗜好を端的に知ることができよう。

家集『鈴屋集』

寛政十年（一七九八）十一月には、『鈴屋集《すずのやしゅう》』が刊行された。それまで詠み貯めていた歌をまとめたのである。出版の経緯は巻頭に置かれた春庭《はるにわ》の序文に記されている。

此《この》かきつめたる歌どもは、吾家《わが》の翁のわかゝりけるほどより、ここらの年ごろに、よみ出給《いでたま》へりしやちうたの中に、ことに書《かき》とゞめおかれたるなり。さるは、ふるきも近きもさま〴〵なるが、ついでもなく、たぐひも定まらずみなうちまじれるを、こたみこひ申て、ふるきちかきとえり分て、ついでをもたぐひをもとゝのへたゞし、又長歌どもふみ詞《ことば》どもをもあつめくはへて、すべて七巻となんなしつるを、桜の木にうつしゑりて、をしへ子たちのおのおの写しとらむいたつきをもやすめ、後の世にも伝へむと思ふ。そのよしを一くだり物しつ。

——このかき集めた歌は、宣長翁が若かった時から最近の年までに詠み出しなさった八千首に及ぶ歌の中に、特に書きとどめ置かれたものである。それは古風も後世風もいろいろであるが、順序もなく部立もなく混じっているのを、この度お願いして、古風・後世風を取り分けて、順序も部立も正しく整えて、また長歌や和文を集めて、全部で七巻としたものを桜木に上梓して、弟子たちがそれぞれに写し取る骨折りを止めさせ、後世にも伝えようと思う。その由緒を一通り執筆した。

古風と後世風を区分し、順序立てをし、部立に分類して、しかも長歌や和文も集めたものという。実際には、寛政十年に刊行されたのは「近調歌部」（巻一・二・三）のみで、「古風歌・長歌部」（巻四・五）は寛政十一年十二月に、「文詞部」（巻六・七）は寛政十二年閏四月に刊行されている（いずれも版本入手の時期）。この家集の刊行は決して自己顕示欲の賜物ではない。門弟がさまざまなタイプの和歌や和文などを習得するための模範とするために上梓したものなのである。

『古事記伝』の擱筆

宣長の六十歳代最後の年、寛政十年（一七九八）は書籍の出版はしていないが、宣長学の総まとめとなる仕事を二つしている。一つ目は言うまでもなく『古事記伝』の擱筆《かくひつ》である。

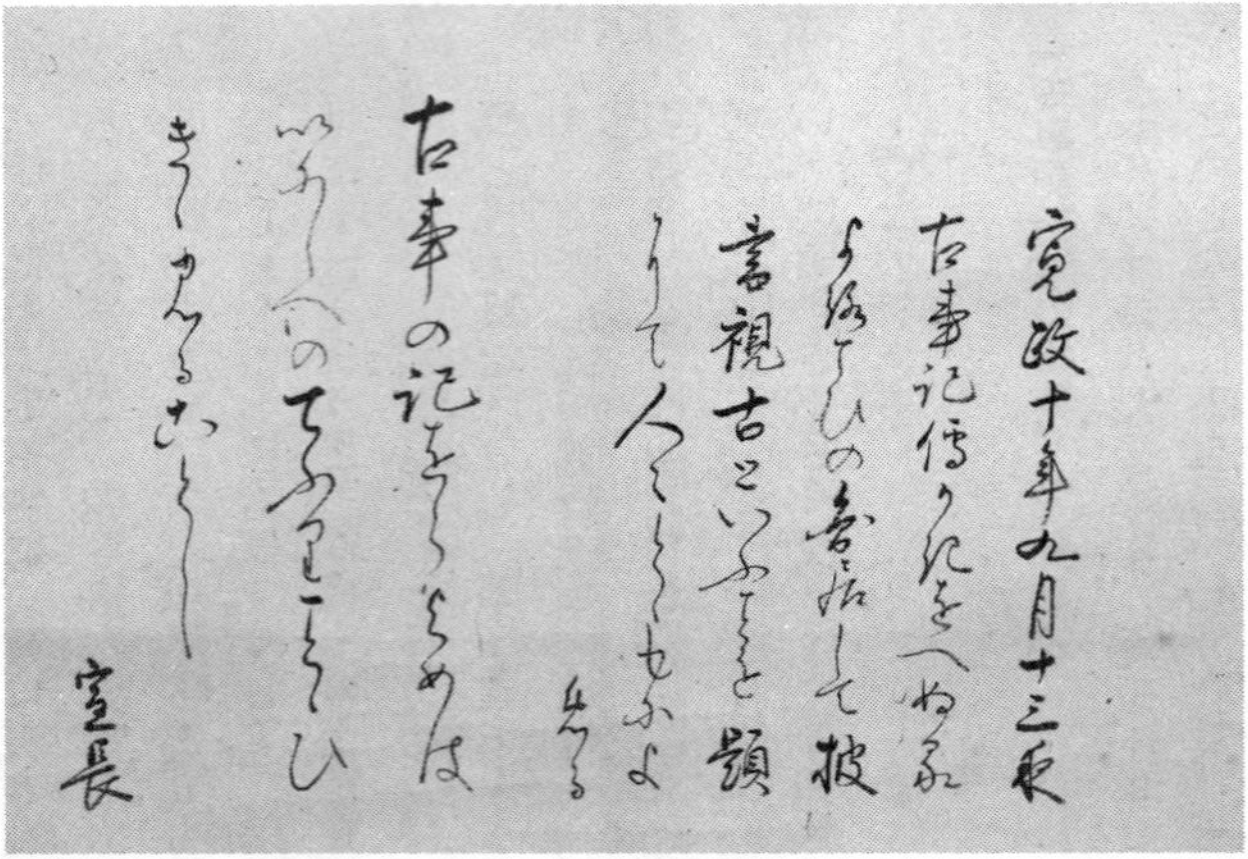

古事記伝終業慶賀歌（本居宣長記念館蔵）

「松坂の一夜」の宝暦十三年（一七六三）から数えて三十五年、初稿を仕上げた明和四年（一七六七）から数えても三十二年になる。すでに古事記上巻（神代巻）の『古事記伝』は刊行済みである。同年六月十三日に最終巻の清書が完成し、九月十三日に『古事記伝』終業慶賀の月見会が鈴屋で盛大に行われた。そこで宣長は次の歌を詠んだ。

古事の記《ふみ》をらよめばいにしへのてぶりこ
とゝひきゝ見るごとし

歌意は、古事記を繙《ひもと》いて読むと、いにしえの風俗を尋ねて聞いたり見たりするようによくわかるといったところ。畢生《ひっせい》の大業を終えた充実感と『古事記伝』に対する揺るぎない自信がうかがえる。最終的に四十四巻がすべて刊行されたのは文政《ぶんせい》五年（一八二二）であり、宣長が没して二十年以上経っていた。大きな荷物を下ろしたような気持ちであったろう。

『うひ山ぶみ』の執筆

もう一つの件は、『うひ山ぶみ』の執筆である。内容については、第一章で詳細に見たので繰り返すことはしない。『古事記伝』終業慶賀の宴《うたげ》から一ヶ月後の寛政十年（一七九八）十月二十一日に『うひ山ぶみ』の清書が完成した。同日の識語《しきご》のある奥書《おくがき》に執筆の経緯が記されている。

こたみ此《この》書かき出《デ》つることは、はやくより、をしへ子どもの、ねんごろにこひもとめけるを、年ごろいとまなくなどして、聞過《ききすぐ》しきぬるを、今は古事記伝もかきをへつればとて、又せちにせむるに、さのみもすぐしがたくて、物しつる也《なり》。にはかに思ひおこしたるしわざなれば、なほいふべき事どもの、もれたるなども多かりなんを、うひまなびのためには、いさゝかたすくるやうもありなんや。

——このたび、この書を書き出したことは、早くから門弟たちが是非にと懇請したので、長年暇もなくて、聞き流していたけれども、今は古事記伝も書き終えたことだからといって、またしきりに促されては、そうそうは捨て置きがたくて、筆を執《と》ったものである。にわかに思い立ったことだから、なお言うべきことで書き漏らしたことなども多いだろうが、初学者のためには少しは益になるようなこともあるだろうか。

門弟の要請と『古事記伝』の擱筆という二点により、初学者入門書の執筆を思い立ったという。実質的に九日で執筆された『うひ山ぶみ』は、それにもかかわらず完成度の高い入門書であった。その締めくくりに次の歌を詠んでいる。

いかならむうひ山ぶみのあさごろも浅きすそ野のしるべばかりも

歌意は、初学者のために書いてきたけれども、ほんの低い裾野を歩く道しるべ程度のものかもしれないが、どうだろうか、といったところである。この控えめな自己評価に反して『うひ山ぶみ』は学問研究に関する極意を記したものと言ってよい。初学者入門書とはいえ、学問の完成期の掉尾《とうび》にふさわしい書物の執筆であった。

第七章　鈴屋の行方

一、宣長の死に支度

大平の養子入り

たとえ屈強な肉体と強靭《きょうじん》な精神を備えた者にも、必ず死は訪れる。誰にも死を避けることはできない。だが、忍び寄る死を察知し、そのための準備をすることができる人もいる。自らの晩年を諦観する人を賢人というのであれば、宣長は賢人の代表格であると言ってよい。特に持病を抱えていたわけではない。虫の知らせなのであろうか、あたかも自らの死の到来を予見していたかのように、七十歳を迎えた宣長は死に支度を始めた。

寛政十一年（一七九九）、宣長は七十歳になった年の二月に養子を迎えた。稲掛大平《いながけおおひら》（一七五六〜一八三三）である。大平は最初期の門弟稲掛棟隆の子で、自身も十三歳の時に宣長に弟子入りした。当時の養子縁組は藩に申請し、認められなければならなかった。宣長が紀州藩に申請した、次のような文書「大平厄介願書」が残存している。

私弟子大平と申者、松坂出生町人ニ而御座候処、実体成者ニ而、幼年より学問執心ニ罷在、格別心懸宜出精仕、和学歌学共段々上達仕候。私義不レ被二召出一已前より厄介同様ニ仕、取立遣候処、昼夜随身仕、他出等之節も暫も不レ離付添居候而、此度之出府ニも召連罷越候事ニ御座候。私義段々年罷寄候ニ付、此上猶以介抱致貰ひ申度御座候。右之通幼年より悴同前ニ仕、不便を加、年久敷随身仕候恩義も厚ク御座候付、厄介ニ仕遣度御座候間、格別之御慈悲を以、私厄介ニ被二仰付一被レ下候様仕度奉レ願候。

――私の弟子大平と申す者は松坂生まれの町人でございますが、真面目で、幼年の頃から学問に熱心で、人並以上によい心掛けで、毎日努力し、和学も歌の学びも段々に上達してきました。私が紀州藩に召し抱えられる前から、この大平を家族のようにして目をかけてきましたが、それに応えて、大平も昼夜私の傍にいて、よそに行く時も少しの間も離れず、今回の和歌山行きにも同行してもらいました。私も年を取り、これからは面倒も見てもらいたいと思っています。このように子どもの時から息子同前に扱い、大平には不便な思いをさせて、長く仕えてくれた恩義もあるので、厄介として家に入れたいと思います。格別の慈悲で許可をお願い致します。

「厄介」とは、近世期においては一家の当主に扶養される次男などを意味する。長男の春庭《はるにわ》が一家の当主となるので、大平を親族として迎え入れるために「厄介」として受け入れたというのである。要するに、今でいう養子縁組である。この文書は、大平を是非とも養子にしたいという気持ちが伝わる文面である。和歌山へのお召しは同年一月に行われ、大平を伴って出掛けた。後に大平が紀州藩のお抱えになることを考えると、そのための布石であると考えることもできよう。こうして三月には正式に養子となった。

もちろん、宣長には息子がいた。春庭（一七六三〜一八二八）である。幼少より英才の誉れが高かったが、二十九歳の年に眼疾に見舞われ、三十二歳になった寛政六年（一七九四）に失明した。後述するように、それ以降も学業に励んだが、鈴屋《すずのや》という塾の運営は荷が重かった。大平を養子に迎えたのは、家督相続もさることながら、鈴屋の運営と門弟の育成という実務遂行能力が買われてのことであった。いずれにせよ、大平が養子入りしたことにより、宣長の死に支度が始まった。

水分神社への参詣

藩から大平養子入りの許可が下りた翌日の二月二十五日に、宣長は吉野水分《みくまり》神社に参詣している。和歌山からの帰路に吉野に立ち寄ったのである。自らの出生に深く関係する神社への参詣は、大平養子入りの報告が目的の一つであったと考えて間違いない。そこで宣長は『吉野百首』（『鈴屋集』四の巻）を詠《よ》んでいる。その中に「水分神社にまうづ」と題して、次のような歌がある。

み吉野の水分山のすめ神に我はぞ祈る命さきくと
めこうからをしへ子どももまさきくと我はこひのむ水分の神
命ありて三たびまゐきてをろがむもこの水分の神のみたまぞ

一首目のように、自分の長寿を祈るだけではなく、二首目のように、妻子や親族、門弟の無病息災の願も掛けた。これは鈴屋繁栄を願ってのことである。母に連れられて来た十三歳の時、門弟とともに訪れた四十三歳の時、そして大平を従えて来た七十歳の今回と、それぞれに意味のある参詣であった。

『遺言書』の執筆

翌寛政十二年（一八〇〇）七月、いよいよ死を意識するようになったのか、宣長は『遺言書』を執筆した。その内容はおよそ世間一般にいわれる遺言とはまったく異なっている。その始まりは次のようなものである。

一、我等《ら》相果候《はてさうら》はば、必其《その》日を以て忌日と定むべし。勝手に任せ日取を違候事、有レ之間敷候。扨《さて》時刻は、前夜之九ッ時過より其日之夜之九ッ迄《まで》を、其日と定むべし。譬《たと》へば、晦日《みそか》之夜之九ッ過より者、来月朔日に而《て》、朔日之夜九ッ迄朔日也。右之刻を以《もつて》定メ候べし。

——私が死にました時には、必ずその日を命日と決めなさい。勝手に日取りを違えることはあってはなりません。さて、その時刻は前夜の九つ時過ぎから当夜の九つ時までをその日と定めなさい。たとえば、三十日の夜の九つ時過ぎからは翌月一日であって、一日の九つ時までが一日である。その時刻によって命日を決めなさい。

自分の忌日《きにち》について、その時刻まで厳密に考慮して厳格に決めることから始めている。たしかに気が動転した中でうやむやになることもあるが、このようなことを遺言にしたためておくのは尋常ではない。その後、念仏のことや沐浴《もくよく》のこと、あるいは棺桶《かんおけ》のことなど、事細かに記している。次に葬送の指示で、葬列の詳細にまで及んでいる。

墓地の指定

問題は墓を二つ作るように指示していることである。山室山妙楽寺《みょうらくじ》の墓と樹敬寺の墓である。妙楽寺の墓には遺骸を納め、樹敬寺の墓は空にするように記している。それゆえ、葬送の折には夜のうちに棺《ひつぎ》を妙楽寺に運んでおき、樹敬寺へは「空送《カラダビ》」にすることを遺言している。さすがにこの願いは、当時の常識に反するために聞き入れられなかったようであるが、何とも奇妙な葬式である。妙楽寺には年に一度の命日だけの墓参、樹敬寺には祥月命日の墓参を要請している。要するに妙楽寺は本格的なものという意識があったのだろうか、妙楽寺の墓所には次のような設計にするよう指示している。

一、墓地七尺四方計《ばかり》、真中《ン》少《シ》後《ロ》へ寄せて、塚を築《きづき》候《さうらひ》而《て》、其《その》上へ桜之木を植《うゑ》可ㇾ申候。扨《さて》、塚之前に石碑を建《たて》可ㇾ申候。塚高三《サ》四尺計、惣体芝を伏せ、随分堅く致し、崩れ不ㇾ申様、後々若《もし》崩《レ》候所あらば、折々見廻り直し可ㇾ申候。植候桜は、山桜之随分花之宜《キ》木を致二吟味一、植可ㇾ申候。勿論後々もし枯《かれ》候はば、植替《うゑかへ》可ㇾ申候。

——墓所は二メートル四方位で、真ん中少し後ろに寄せて塚を築きまして、その上に桜の木を植えて下さい。さて、塚の前には石碑を建てて下さい。塚の高さは一メートル位で、全体に芝を敷き、随分と堅くして崩れないようにして下さい。後にもし崩れるような所があるならば、時々見回りをして下さい。植える桜は、山桜の随分花のよろしい木を吟味して植えて下さい。むろん後々もし枯れるようなことがありましたら、植え替えて下さい。

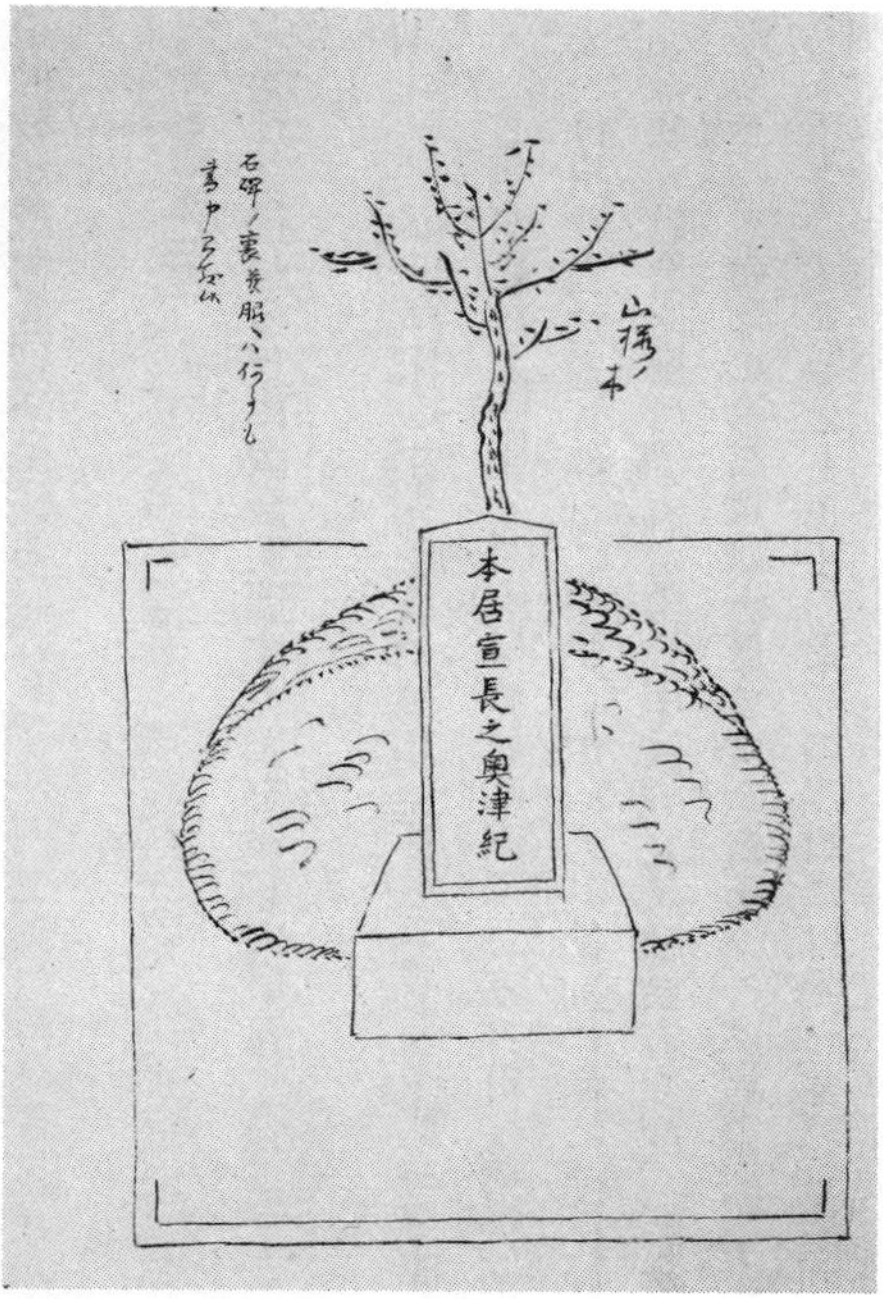

遺言書（本居宣長記念館蔵）

墓地の大きさや造作の趣向までも指示しているが、塚を築いた上に山桜を植えるように書いていることは注目すべきである。宣長の桜好きは第四章や第六章で確認したが、遺言書にまでこれを書いているのである。墓所が崩れないように見回りすることや、枯れた場合の植替まで書き留めている。

命日の作法

また、祥月命日に歌会を催すことを命じている。

一、毎年祥月に者《は》一度づゝ、可レ成長手前に而《て》歌会を催し、門弟中相集《リ》可レ申候。尤《もつとも》祥月当日には不レ限、日取《リ》は前後之内都合宜《キ》日可レ為也《なり》。当日にあらず共、歌会之節も、像掛物右之通り餝《かざり》可レ申候。但《ただ》し、其《その》節別に像へ膳備《へ》候には不レ及、膳は当日に而宜《よろしく》候。歌会之節は酒計《ばかり》備《へ》可レ申候。且又歌会客支度、一汁一菜精進可レ為候。

――毎年の命日には一度ずつ、なるべく本居家で歌会を開催し、門弟連中は集まって下さい。もっとも毎年の命日の当日には限らず、日取りは命日前後の日のうちで都合のよろしい日として下さい。当日でなくても、歌会の折にも像掛物は右のように（座敷の床に）飾って下さい。ただし、その折には特に像へ膳を備えるには及びません。膳は当日で結構です。歌会の折には酒だけを備えて下さい。その上、また歌会の客支度は一汁一菜を料理として配膳して下さい。

歌会を毎月行うこととその際に像掛物を飾ること、そして配膳の準備について書いている。「像掛物」とは何か。それは還暦の秋に描いた敷島の歌の自画自賛である。これを歌会の時に掲げよというのである。歌会の折になりとも、子孫の姿を見守ることを自らに課したかのようである。見方によれば、肥大化した自我とでも称すべきであろう。

こうして遺言書をしたためた年、墓所の下見の実地踏査に赴いている。九月十七日のことであった。その時に歌を詠んでいる（『鈴屋集』八之巻）。

山室の山の上に墓どころをさだめて、かねてしるしをたておくとて
山室に千歳の春の宿しめて風に知られぬ花をこそ見め
今よりははかなき身とは嘆かじよ千代のすみかをもとめえつれば

一首目は、山桜を印に墓所を定めておけば、今後千歳にわたって吹く風も知らない花を見ることができるだろう、の意。第四句「風に知られぬ花」は「春ごとに松の緑に埋もれて風に知られぬ花桜かな」（金葉集・春・内大臣）を踏まえている。二首目には、死後の安住の地を得た安堵《あんど》感がみなぎっている。

こうして宣長は着々と死の準備を積み重ねていったが、それは必ずしも予定されたもので

はなかった。むしろ七十歳を過ぎてますます旺盛に活動した。最晩年に当たる享和元年（一八〇一）には、和歌山城で源氏物語などのご進講を務めた。また、三月末には上京して、歌や古道の講釈をおこなった。それは妙法院宮《みょうほういんのみや》をはじめとする貴人が集う場であった。

だが、人の運命はわからないものである。九月十八日に風邪を引いたかと思えば、二十九日にいともあっけなく逝ってしまったのである。葬儀は必ずしも宣長が生前に遺言していた通りにではないが、おおむね滞りなく、また恙《つつが》なくおこなわれた。七十二年の人生を太くかつ長く生き抜いたのである。

二、春庭の業績——宣長没後の鈴屋（一）

国語学的研究を継ぐ春庭

それでは、宣長没後の鈴屋はどうなったのだろうか。五百名に及ぶ門弟はどうなったのだろうか。

まず、実子の春庭について見てみよう。春庭は宝暦十三年（一七六三）の生まれで、寛政六年（一七九四）に眼疾により失明したことはすでに述べた。その後、針医の修業のため京都に留学し、帰郷した寛政九年に結婚した。それから針医として身を立てながら、国学者としても一家をなした。とりわけ、春庭は国語研究に秀でていた。つまり、宣長の国語学的方面を継承したのである。そこで、これまであまり触れる機会がなかった宣長の国語学的業績をここで見てみることにしよう。

宣長の国語学的業績は二つの範疇《はんちゅう》に分類することができる。一つ目は係り結びを代表とする活用の研究、二つ目は漢字音の研究である。ここでは前者を問題にしたい。

係り結びに関する最初の業績は『てにをは紐鏡《ひもかがみ》』であり、明和八年（一七七一）十月に刊行されている。『てにをは紐鏡』は用言および助動詞の活用をはじめてシステマティックにまとめたものであり、活用語を現代の終止形、連体形、已然《いぜん》形の三つに整理し、分類した表である。この書名は「照らし見よ本末結ぶ紐鏡三くさにうつる千々の言葉を」と詠まれた歌に依《よ》っている。歌意は、三種類の形に移りかわる数多《あまた》の言葉を鏡に映して照らし合わせて見ると、上の言葉と下の言葉が紐のように結ばれていることだ、といったところであろう。言うまでもなく、これは係り結びの研究である。係り結びとは、ぞ・なむ・や・かという係助詞に対しては連体形で結び、こそに対しては已然形で結ぶ、という日本文法上の法則である。宣長以前も中世歌学において、言葉同士が照応することはよく知られていた。たとえば、次のような歌が詠歌の際に想起されたのである。

ぞるこそれ思ひきやとははりやらんこれぞ
五つのとまりなりける

本居春庭像（本居宣長記念館蔵）

この歌は、「ぞ」と来れば「る」と受け、「こそ」と来れば「れ」と受け、「は」に対しては「り」と受け、「や」に対しては「らん」と受けるという単純な指摘であるが、「思ひきや」に対して「とは」という対応関係を交えているということが注目される。これはたとえば、「忘れては夢かとぞ思ふ思ひきや雪踏み分けて君を見むとは」（古今集、伊勢物語）をはじめとして、多くの用例がある。つまり、この「五つのとまり」というのは、必ずしも係り結びの法則のことではなく、和歌の中で頻繁に出る呼応関係を抽出したものということになる。要するに、詠歌の作法の一つに過ぎなかったのである。

このような歌を詠む上での約束事を徹底的に調べ上げ、単純な法則に仕立てたのが『てにをは紐鏡』だったのである。当該書では、は・も・徒《ただ》に対しては右の行（終止形）、ぞ・の・や・何に対しては中の行（連体形）、こそに対しては左の行（已然形）といったように、結びを整然と整理・分類し、単純な法則に仕立て上げた。この『てにをは紐鏡』の用例集とも称すべきなのが、『詞《ことば》の玉緒《たまのお》』である。宣長は歌の用例を「三転証歌」と称している。つまり、三つの活用形に転じる姿を模した歌の意である。天明五年（一七八五）五月に刊行された当該書には、この法則について言葉の原理にまで掘り下げた考察が記されている。

○てにをはは、神代よりおのづから万《よろづ》のことばにそなはりて、その本末をかなへあはするさだまりなん有《あり》て、あがれる世はさらにもいはず、中昔《なかむかし》のほどまでも、おのづからよくとゝのひて、たがへるふしはをさ〳〵なかりけるを、世くだりては、歌にもさらぬ詞《ことば》にも、このとゝのへをあやまりて、本末もてひがむるたぐひのみおほかるゆゑに、おのれ今此《この》書をかきあらはせるは、そのさだまりをつぶさにをしへさとさんとてなり。

——てにをはは、神代から自然とあらゆる言葉に備わっていて、その照応の仕方にはきちんとした決まりがある。上代は言うまでもなく、中世の時までも、自然とよく整っていて、その決まりにはずれることはまったくなかったけれども、時代が下って歌にも文章にも、この決まりを間違って、てにをはが首尾照応しないようなことが多くなってきた。それゆえ、私はいまこの書を著して、その決まりを詳細に説き明かそうとするのである。

神代から続く言葉の法則を宣長は「本末をかなへあはするさだまり」と記している。それは中昔《なかむかし》あたりまでは整っていたが、時代が下って乱れてしまったので、その「さだまり」を教示することを目的とするという。ここでの「本末」とは和歌だけでなく、文章における照応も含むので、「てには」と「留り」(文末)の結びつきを意味すると考えて間違いない。もっとも、歌の用例に比べて文章の用例は圧倒的に少なく、「文章の部《あやことば》」は『詞の玉緒』全七巻のうちの七之巻の後半の一部、全巻の三パーセント程度に過ぎない。しかも、そこで扱われている作品は、古今集仮名序、古今集歌詞書、土佐日記、伊勢物語、源氏物語だけである。だが、宣長には和歌と文章とを区別する意図はなく、いずれにもこの「さだまり」が適用されていることを実証しようとするのである。ここには宣長の言語の法則性に対する絶対的な信頼と、神代や上代にはそれらが理想的に運用されていたという確信がある。そういった神秘的なものに対する崇拝にも近い思いといったものが宣長の言語観の根本を構成しているのである。

このような国語学的業績は、現代の学術レベルから見ても決して引けを取らない。十分に高い水準であると言ってよかろう。そのような国語学的業績を鈴屋学派の中で、特に活用の問題に関して、もっとも忠実に受け継いだのが実子春庭だったのである。今、忠実に受け継いだと書いたが、正確を期せば、より発展的に継承したと言った方がよいかもしれない。春庭には、『詞八衢《ことばのやちまた》』と『詞通路《ことばのかよいじ》』という二冊の著作がある。いずれも出版され、広く流通し、読まれた。この二冊について、内容を検討し、宣長没後の鈴屋門弟の到達点を見渡してみたい。

厳密な活用研究『詞八衢』

まず、『詞八衢《ことばのやちまた》』は文化《ぶんか》五年（一八〇八）春に刊行された。宣長の一連の「係り結び」研究を踏まえて活用研究の荒野を開拓した。春庭は『詞八衢』の巻頭で、「詞のはたらき（活用）が言語の根幹であるとした上で、次のように記している。

さるは神代よりおのづからさだまりありて、今の世にいたるまでうつりかはることなく、いさゝかもたがひあやまるときは其《その》ことわからず、そのこゝろきこえがたきものにしあれば、一文字《ヒトモジ》といへどもみだりにはぶき、みだりにくはへなど、すべておほろかにおもひなすべきわざにはあらずなん。

——それというのも、神代より自然のきまりがあって、今の世に至るまで移り変わることなく、少しでも間違うことがある時には、その事柄は分明にならず、その意味はわからないものであるので、たった一文字でもみだりに省いたり加えたりするなど、総じていい加減に考えておいてよいことではない。

「詞のはたらき」は「神代」から伝わる「さだまり」があって、少しでもそこからはずれると意味を成さないという。これは宣長が「本末をかなへあはするさだまり」を神代から受け継がれたものであると考えたものを「結び辞」に限定し、これを発展させたものととらえることができる。要するに、「係り結び」研究を「活用」研究にシフトさせたわけである。「詞八衢」という書名は「おなじ言の葉もその活《ハタラキ》ざまによりていづかたへもおもむきゆくものにしあれば、道になぞらへてかくはものしつ」と、命名の由来を説明している。このように春庭は「三転」から「八衢」へと研究対象を拡大させたのである。

ただし、春庭の関心は活用形よりはむしろ活用の種類であった。春庭は活用には四つの種類があるという。それは「四段の活、一段の活、中二段の活、下二段の活」である。そのほかにもこの四種に適合しないものを「変格」と名付けている。それらは現代の古典文法における九種類の活用にほぼ対応している。というよりも、むしろ春庭の提唱した活用の種類に基づいて古典文法が構築されたと言った方が正確である。それはともあれ、春庭が究明した活用研究は、『てにをは紐鏡』における四十三段にわたる活用について、その対象が動詞に限定されるとはいえ、その種類を四つ（および変格）にまとめ上げたという功績がある。要するに、『てにをは紐鏡』からは「係り結び」現象の研究のみならず、活用研究が分派したのである。

総合的言語研究『詞通路』

次に、春庭の二冊目の著作『詞通路《ことばのかよいじ》』を見てみよう。『詞通路』は文政十一年（一八二八）秋に序が記され、翌十二年に刊行されている。春庭の言語観と書名の由来を詠んだ歌が巻頭にあり、本書全体の性格をよく表している。

すめら御国の言葉のいとも〳〵あやしくくすしくたへなる事はいふもさらにて、又其《その》つかひざまなどおのづからさだまり有《あり》て、いと正しくいさゝかもたがふ事のなきもいと〳〵くすしきわざになむ有ける。かゝればもの学びせむともがらは、いにしへのあとをよくかむがへしるべきなり。

世々ふかくしげること葉のかよひ路はあとふみみてぞゆくべかりける

――日本国の言葉がとても不可思議で霊妙であることは今さら言うまでもなく、その用法などには自然ときまりがあって、非常に正しく、少しも規則からはずれることがないこともとても奇妙なことであった。だから学問をする輩《ともがら》は古代語の足跡を十分に考察するべきである。

日本語には自然の法則があって、その法則がすべての言葉に適用される事実は神秘的である。学問をする者は昔の言葉の使い方をよく考えればわかるという。歌意は、世には多くの言葉があるが、その用法は使用された言葉の用例に導かれて把握されるというところであろう。「ふみみて」は「書見《ふみ》て」と「踏みみて」の掛詞で、「踏み」は「通ひ路」の縁語。このように、『詞通路』は言葉の用法に関する論考を集成したもので、上巻には「詞の自他の事」、中巻には「詞の兼用の事」「詞の延約の事」、下巻には「詞てにをはのかゝる所の事」が置かれている。

この中でもっとも本書の独創的なところは上巻「詞の自他の事」である。その項目のはじめに次のようにある。

歌よむにもふみかくにも事をしるすにも、よろづの事をわかち其《その》さまをくはしくしらするなれば、もはら此《この》自他の言葉の活《はたらき》をむねとこゝろうべきわざなり。そはおのづからのさだまり有《あり》て、こなたのことをいふにはこなたにつかふべきことばをもちひ、かなたの事をかたるにはかなたに用ふべき詞《ことば》をつかはざれば、其事くはしくわかれず、自他混雑して詞とゝのはず、其さま聞えがたければ、なほざりに思ひすぐさず、よくわきまへおくべき事なり。

——歌を詠むにも手紙を書くにも文を記すにも、万事を分け、その様を詳細に伝えるためには、専らこの「自他」の言葉の活用を主として心得るべきである。そこには自然の法則があって、こちらのことを言う時にはこちらに使うべき言葉を用い、あちらのことを語る時にはあちらに用いるべき言葉を使わなければ、そのことを詳しく知ることができず、「自他」が混雑して言葉が整わず、その様子が理解できないので、いい加減に思い過ごすこともなく、よく了解しておくべきである。

「自他の言葉の活」とは「こなた」と「かなた」の別を弁《わきま》えることによる言葉の運用のことである。すべての言葉について、この自他の別という問題が内在していて、それを取り違えることのないようにすることが肝要であるというのである。そして、これを「散る」と「散らす」という言葉を用いて説明している。花が散るのは「おのづから散る」ことで、花を散らすのは「風などが散らす」ことといったように、いいかげんに考えるが、そこには整然とした仕組みがあるというのである。春庭はそれを整理し、次の六種類に分類する。

第一段　みづから然《しか》する、おのづから然る
第二段　物を然する
第三段　他に然する
第四段　他に然さする
第五段　おのづから然せらるゝ
第六段　他に然せらるゝ

この分類の基準となるのは「自他」(こなたとかなた)という概念である。「自他」であるからといって、自動詞と他動詞といった単純な区別でもない。たとえば、「聞く」という語に即してあてはめると、第一段は「聞こゆる」、第二段は「聞く」、第三段は「聞かする」、第四段は「聞こえさする」、第五段は「聞かるる」、第六段は「聞かるる」となる。この語形変化は活用というものではない。要するに、基本形から派生した語という位置づけである。これを現代の用法で言い換えれば、第四段は使役、第五段は自発、第六段は受身といった具合になるのであろうが、そのような分節化した分析では見落としてしまう観点がここにはある。つまり、あらゆる言葉は一つの語から放射状に広がる網目の一つであるとする発想である。

る。

『詞八衢』における活用研究は近代以降の国語学の標準となった。客観的にして科学的な国学者の言語研究の上澄みである。それに対して、『詞通路』における「自他」はいまだこれを発展させる研究は見られない。分析的にして分節的な近代科学の発想を超越しているからであろう。国学の精神に立ち戻って、総合的言語研究を推し進める方向を模索する時期が来ているのではないだろうか。

三、大平の業績——宣長没後の鈴屋（二）

塾頭として

さて、次に養子の大平《おおひら》について見てみよう。大平は宣長の門弟稲掛棟隆の子で、十三歳の時に宣長に入門し、四十四歳の時に本居家に養子入りしたことはすでに述べた。翌年の寛政十二年（一八〇〇）の一月に、宣長は長年愛用した文机を大平に譲った。文机は家督を相続することよりも、学問の継承を表す象徴的な物品である。宣長の期待が大きなものであったことがうかがえる。

本居大平像（本居宣長記念館蔵）

宣長の没後はその期待に応えるべく、鈴屋の経営にいそしんだ。まず、「授業門人姓名録」を引き継いで、門弟の管理と塾の運営につとめた。すでに門弟が五百人に垂《なんな》んとする勢いの鈴屋は、全国的な規模の私塾であったが、大平が塾頭になってからはさらにその勢力を伸ばした。そこには貴人も含まれており、その中には藩主もいた。

そもそも宣長も藩主から御前講義の要請を多く受けていた。たとえば、浜田藩主松平康定《やすさだ》侯や紀州藩主松平治宝《はるとみ》侯、あるいは加賀藩主前田治脩《はるなが》侯などから、士分として召し抱えるという話もあった。松坂を離れられないという理由により辞退したこともあったが、条件が整えば出かけて御前講義をおこなった。寛政四年（一七九二）には紀州藩に在宅のまま仕官した。大平は養子入りの際にこれを継いだのである。そうして、文化六年（一八〇九）六月には紀州和歌山に移住した。本格的に紀州藩に仕官したのである。その後は『紀伊続風土記』の編纂に参画するなど、紀州藩に設立される古学館や国学所などの礎《いしずえ》を築いた。

『古学要』

大平が和歌山に移り住んだ文化六年の春に『古学要《こがくよう》』という書物を執筆した。本格的に紀州藩に仕官するにあたって、その決意を表したものと推察される。これは大平が「古学」に関する要諦をまとめたものであり、いわば大平版『うひ山ぶみ』である。その巻頭は次のごとくである。

ふるごと学びに心ざして、むねとつとむべきは、いにしへぶみの言の意をときあきらむるなん、学びのむねには有《リ》ける。そも〳〵いにしへぶみとは、古事記日本紀をはじめ続紀以下正史どもをいふ。そはみな古ありし事を、後の世につたへむがためにえらびしるされたる物なれば、広く伝へ長く明らめしめん事を要とすべきわざなればなり。其《その》古書の文義といふも、千有余年をへて、後世の人の心もて考ふるに、其義まどはしき事のみおほくて、たやすくは明らめがたき事なり。其文義のまことを考ふるには、よく古の意をさとりしるにあらざれば、その文義のまことをあきらかにわきまふる事かたし。そのいにしへの心をしるには、漢意《からごころ》の理窟をはなれて、たゞひたものわがいにしへの心をあきらかにして、よくわきまふべきなり。

——古学に志を立てて主として努めなければならないことは、古典籍の言葉の意味を解明することが学問の中心である。大体において古典籍とは古事記、日本書紀をはじめとして続日本紀以下の正史をいう。それはみな古代にあったことを後世に伝えるために編集されたものなので、広く伝え、長く明らかにすることを肝要とすべきことだからである。その古典籍の文章の意味というものも、千年余りを経て後世の人が考えると、その意味が不分明なことばかりが多くて、簡単には解明できないことである。その文の真意を考えるためには、十分に古意を悟ることができなければ、その真意を明らかに弁別することは難しい。その古代の心を知るためには、漢意《からごころ》の理屈を離れて、ただひたすらに古代の精神を明らかにして、よく弁別するべきである。

「古学」について記紀をはじめとする古典籍の研究であると定義した上で、「古の意《いにしへのこころ》」を得てその文の意味を正しく解釈することであるとする。その際、「漢意《からごころ》」を排斥することが肝要であるというのである。漢意とは、第一章「国学の脚本」で検討したように、漢籍の渡来によってもたらされた儒仏老荘などに曇らされた思考法を指す。大平は特に仏教と儒教の害を具体例をあげて論じている。仏教の弊害としては、（1）仏を神よりも尊いものとすること、(2)神を軽んじ天皇を軽んじること、(3)死をかなしいものでないと考えること、(4)葬儀を軽んじること、といったことをあげて批判している。また、儒教の弊害としては、(1)漢国に倣って中央から国司を派遣したこと、(2)漢国の天子のように皇国の天皇を見て軽んじるようになったこと、(3)博士儒生が宣命《せんみょう》、詔詞《しょうし》を駄目にしたこと、など批判している。このような批判は宣長の漢意排斥の延長線上に位置するものである。要するに『古学要』は宣長の古道学の祖述であると言ってよい。

村田春海との論争

大平は古道学において宣長説を継承し、これを弘《ひろ》めることを目指したが、歌学においても同様に宣長説を堅持しようとした。かの古風後世風詠み分け主義である。大平は本居家に養子入りした翌年の寛政十二年(一八〇〇)、真淵《まぶち》門弟の古風歌を集めた『八十浦之玉《やそうら》』を編纂するにあたって、江戸派の村田春海《はるみ》に助けを求めたところ、期せずして歌論の論争になった。春海の書簡に対して、大平は返事をおくり、それに対して再び春海が書簡で反論する、という応酬が繰り広げられた。この論争の本質は、宣長(鈴屋派)と春海(江戸派)の真淵の門流としての正統性の主張という側面が強いが、歌論として見た場合、真淵の古風歌論をいかに継承するか、という点が眼目であった。春海は歌を古今集の調べを規範とし、万葉集から新古今集までの言葉を用いて、心のまことを述べるものと考える。これに対して、大平は宣長の説を追認して次のように記している。

吾《わが》師の翁の、古風は古風と物しながら、又後の世のさまなるをも、つねにひろく物せらるゝも、ふかく考へわたされたるうへにて、あるやうあるべしと、猶《なほ》こゝろきたなくしたがひてすぐすになん。

――宣長翁が古風歌は古風歌として詠みながら、別に後世風の歌をも常に広く詠まれたが、それも深い考えがあってのことであって、しかるべき理由があるのだろうと、浅ましくもこれに従って過ごしてきたのである。

これは第一章で見たように、『うひ山ぶみ』に披瀝《ひれき》された宣長の古風後世風詠み分け主義である。幼少期から宣長に付き従ってきた大平は、むろん『うひ山ぶみ』によってはじめてこの歌論を知ったわけではない。早い時期からそれを理解していたはずである。大平は必ずしも積極的ではないけれどもこれを追認し、これに従うことを表明しているのである。

忠実な宣長学の継承

歌論の上で古風後世風詠み分け主義を継承した大平は、歌を詠む上でもこれを実践する。古風（古体）と後世風（近体）を詠み分けたのである。古風歌は『藤垣内集《ふじのかきつしゅう》』に集成し、後世風歌は『稲葉集《いなばしゅう》』に集成した。刊行されたのは『稲葉集』のみであるが、古風歌と後世風歌の割合はほぼ同数である。宣長の場合には後世風が圧倒的に多かったのと比べると、大平は歌論と詠歌とが見事に対応していると言ってよい。同じ題で詠まれた歌を並べて比較してみよう。

更衣

夏きぬと大宮人のとりよそふ縑《かとり》のよそひ見らくすゞしも　（藤垣内集）
さくら色にしめし衣をかへまくはあなうの花の袖の白妙《しろたへ》　（稲葉集）

前者は夏がやって来たと殿上人が装う縑《かとり》の衣装を見ているだけで涼しいことだの意。大宮人・とりよそふ・縑などの上代語を用い、第三句と第四句を同音反復で結び、結句を「すゞしも」で閉じており、万葉集歌の面影が如実に感じ取れる歌に仕上がっているといえよう。一方、後者は桜色の衣から卯《う》の花色の袖に衣替えをするのがいやだの意。上句は「桜色に染めし衣をぬぎかへて山郭公《やまほととぎす》今日よりぞ待つ」（後拾遺集・夏・和泉《いずみ》式部）の趣向を借り、第四句は「世の中をいとふ山辺の草木とやあなうの花の色に出でにけむ」（古今集・雑下・読人不知）を借用して、平安朝の和歌の面影をとどめている。このように古風と後世風を器用に詠み分けているのである。宣長の薫陶を鈴屋の歌学として継承しようとした大平が見事にその役割を果たしたのである。

このように大平は古道学と歌学の双方において宣長説を祖述し、忠実に宣長学を継承したのである。また、鈴屋の運営も順調に維持された。大平の代で門人千人を数える組織に成長した。そういった意味でも、宣長没後の鈴屋は大平の力が大きい。

宣長の七十歳代は学問的にはますます盛んになっていく兆しがあったが、その一方で自らの死を悟ったかのように死に支度に余念がなかった。そして、宣長は極めて自然に、また突然この世を去った。計画的に、そして精力的に積み上げられた業績を残して、宣長は天寿を全うしたのである。春庭と大平という二人の跡取りは、役割分担をするように宣長学の遺産を相続した。あたかも二人は宣長の人生の延長上で生きたかのようであった。

おわりに

本居宣長の名を知る人は極めて多く、「物のあはれを知る」説を唱えたことやその主著に『古事記伝』があることを知る人も多い。だが、「物のあはれを知る」説の本質を説明できる人となると途端に数が少なくなり、『古事記伝』を読み通した人となれば、専門家を除けばほとんど皆無に近い。主著や主要学説を知らずに、はたしてその人を知っていると言えるのか。

昔から宣長は有名人だった。たとえば戦前や戦時中、宣長は日本人がもっともよく知る偉人の一人であり、賀茂真淵《かものまぶち》との出会いを描いた「松坂の一夜《ひとよ》」は小学校の教科書の定番教材だった。つまり、宣長は国民の常識だったのである。だが、宣長はかならずしも正確に理解されていたとは言いがたく、誤読と曲解にさらされていた。還暦の年に詠《よ》んだ「敷島の大和心を人問はば朝日に匂ふ山桜花」の歌は、散る桜を詠んだ歌として、戦争で命を落とす（散華）歌に読み替えられた。どこをどう読んでも朝日に映えて咲きほこる桜なのに、である。

「松坂の一夜」や敷島の歌を知っていた過去の日本人も宣長を正しく理解していたとは言えない。その状況は今も変わらない。宣長の全貌を理解するためには、それを解説する本が必要である。

ところが、書店に並ぶ宣長本は等しく偏向していると言わざるを得ない。私が研究を始めた二十数年前からその状況は変わっていない。各自が思い思いの恣意的な宣長像を好き勝手に描いているに過ぎないのである。木を見て森を見ずという諺《ことわざ》がある。自分の関心のある領域だけはやたら詳しいが、それ以外は眼中になく、描き出すところが全容からほど遠い者を揶揄《やゆ》してこのようにいう。木を寄せ集めれば森になるというわけではない。宣長についても同じで、『古事記伝』の著者と「物のあはれを知る」説の提唱者、そして係り結びの法則を確立した者という一面的な把握を持ち寄っても、宣長の全貌からはほど遠いのである。もちろん、このうちの一つを極めるだけでも相当すごいことではあるが、それでは宣長の全体像に到達することはできない。

なぜこのようになってしまったのか。その理由として、宣長学が多岐にわたっていて、研究ジャンルが分化した現代の専門家が一人で相手にできる領域ではなくなったことがあげられる。副題にも示したが、宣長学は文学と思想に大別できる。「文学」については国文学者が研究対象とし、「思想」は思想史家が研究対象としている。国文学者の宣長像と思想史家の宣長像は異なる様相を呈する。端的に言えば、『源氏物語』研究の宣長と『古事記伝』の宣長である。このことは大学入学以前の教育現場にも反映している。国語科教科書に載る宣長像と社会科（日本史・倫理）教科書に載る宣長像はたいそう隔たりがあるのである。宣長の言葉に従えば、国語科や国文学者が受け持つのは「歌の学び」、社会科や思想史家が担うのは「道の学び」ということになる。はたしてこれでいいのか。宣長は国学者として文学と思想を一人で大成した。後進である我々も先達の跡を独力で追い求めるべきではないか。

そういった意味で、鈴屋学会初代会長であった故岩田隆先生の『本居宣長の生涯―その学の軌跡』（以文社、一九九九年）が待望の入門書であったが、なぜか世に弘《ひろ》まらなかった。本書は岩田先生の精神を受け継いで、文学と思想の両方を対象にすることを目指した。それは「文学と思想の巨人」という、いささか大仰な副題がはるかに見据えるところであるが、それがどの程度、成功しているかはわからない。読者諸賢のご判断を仰ぎたいところである。

なお、本書を読んでさらに宣長の国学のことを知りたいと思われた方には、まずは宣長の著作を直接読むことをお勧めする。何事も原典を読むところから始めるのが王道だからである。その際、文学と思想を横断する宣長の思考法については拙著『本居宣長の思考法』、戦時期における国学受容史については同『本居宣長の大東亜戦争』、国学三百年の歴史については同『国学史再考―のぞきからくり本居宣長』を併せてご参照いただければ幸いである。

本書はこの三書に基づいて書いたところも少なくない。

最後に本書の執筆を勧めて下さり、さまざまに有益なご助言をたまわった中公新書編集部の太田和徳氏に深甚の謝意を表したい。

二〇一四年六月

田中康二

参考文献（原則として著書に限定した）

○飛鳥井雅道『日本近代精神史の研究』（京都大学学術出版会、二〇〇二年）
○足立巻一『やちまた』（朝日文芸文庫、一九九五年、初版は一九七四年）
○井野口孝『契沖学の形成』（和泉書院、一九九六年）
○岩田隆『宣長学論攷―本居宣長とその周辺』（桜楓社、一九八八年）
○岩田隆『宣長学論究』（おうふう、二〇〇八年）
○岩田隆『本居宣長の生涯―その学の軌跡』（以文社、一九九九年）
○上野洋三『元禄和歌史の基礎構築』（岩波書店、二〇〇三年）
○内野吾郎『文芸学史の方法―国学史の再検討』（桜楓社、一九七四年）
○内野吾郎『江戸派国学論考』（創林社、一九七九年）
○大久保正『本居宣長の万葉学』（大八洲出版、一九四七年）
○大野晋『語学と文学の間』（岩波現代文庫、二〇〇六年、初出は一九七八年）
○小笠原春男『国儒論争の研究―直毘霊を起点として』（ぺりかん社、一九八八年）
○岡田千昭『本居宣長の研究』（吉川弘文館、二〇〇六年）
○小椋嶺一『秋成と宣長―近世文学思考論序説』（翰林書房、二〇〇二年）
○加藤周一『夕陽妄語』第二輯（朝日新聞社、一九九七年、初出は一九八八年）
○加藤典洋『日本人の自画像』（岩波書店、二〇〇〇年）
○金沢英之『宣長と『三大考』―近世日本の神話的世界像』（笠間書院、二〇〇五年）

○菅野覚明『本居宣長―言葉と雅び』（ぺりかん社、二〇〇四年、初版は一九九一年）
○神野志隆光『本居宣長『古事記伝』を読む』1・2・3（講談社選書メチエ、二〇一〇〜一二年）
○釘貫亨『近世仮名遣い論の研究―五十音図と古代日本語音声の発見』（名古屋大学出版会、二〇〇七年）
○小林秀雄『本居宣長　小林秀雄全作品第二七、二八巻』（新潮社、二〇〇四年、初版は一九七七年）
○子安宣邦『宣長と篤胤の世界』（中公叢書、一九七七年）
○子安宣邦『本居宣長』（岩波現代文庫、二〇〇一年、初版は一九九二年）
○子安宣邦『「宣長問題」とは何か』（ちくま学芸文庫、二〇〇〇年、初版は一九九五年）
○子安宣邦『本居宣長とは誰か』（平凡社新書、二〇〇五年）
○子安宣邦『宣長学講義』（岩波書店、二〇〇六年）
○坂本太郎『歴史と人物　坂本太郎著作集第十一巻』（吉川弘文館、一九八九年）
○相良亨『本居宣長』（講談社学術文庫、二〇一一年、初版は一九七八年）
○佐佐木信綱『賀茂真淵と本居宣長』（広文堂書店、一九一七年）
○笹月清美『本居宣長の研究』（岩波書店、一九四四年）
○白石良夫『本居宣長「うひ山ぶみ」』（講談社学術文庫、二〇〇九年、初版は二〇〇三年）
○城福勇『本居宣長』（吉川弘文館、一九八八年）
○杉田昌彦『宣長の源氏学』（新典社、二〇一一年）
○鈴木淳『江戸和学論考』（ひつじ書房、一九九七年）
○高橋俊和『本居宣長の歌学』（和泉書院、一九九六年）
○田中康二『村田春海の研究』（汲古書院、二〇〇〇年）
○田中康二『本居宣長の思考法』（ぺりかん社、二〇〇五年）
○田中康二『本居宣長の大東亜戦争』（ぺりかん社、二〇〇九年）

○田中康二『江戸派の研究』（汲古書院、二〇一〇年）
○田中康二『国学史再考―のぞきからくり本居宣長』（新典社選書、二〇一二年）
○田原嗣郎『本居宣長』（講談社現代新書、一九六八年）
○中根道幸『宣長さん―伊勢人の仕事』（和泉書院、二〇〇二年）
○長島弘明『秋成研究』（東京大学出版会、二〇〇〇年）
○長島弘明編『本居宣長の世界―和歌・注釈・思想』（森話社、二〇〇五年）
○野崎守英『本居宣長の世界』（塙書房、二〇〇三年、初版は一九七二年）
○芳賀矢一「国学とは何ぞや」（『明治文学全集44』、筑摩書房、一九六八年、初出は一九〇四年）
○蓮田善明『本居宣長』（新潮社、一九四三年）
○日野龍夫『宣長と秋成―近世中期文学の研究』（筑摩書房、一九八四年）
○日野龍夫「『不尽言』『筆のすさび』解説」（『新日本古典文学大系99』、岩波書店、二〇〇〇年）
○日野龍夫『宣長・秋成・蕪村　日野龍夫著作集第二巻』（ぺりかん社、二〇〇五年）
○藤平春男『歌論の研究』（ぺりかん社、一九八八年）
○前田勉『兵学と朱子学・蘭学・国学―近世日本思想史の構図』（平凡社選書、二〇〇六年）
○村岡典嗣『本居宣長』（東洋文庫、二〇〇六年、初版は一九一一年）
○村岡典嗣『新編日本思想史研究―村岡典嗣論文選』（東洋文庫、二〇〇四年、初版は一九三〇年）
○本山幸彦『本居宣長』（清水書院、一九七八年）
○百川敬仁『内なる宣長』（東京大学出版会、一九八七年）
○簗瀬一雄『本居宣長とその門流第二』（和泉選書、一九九〇年）
○横井金男『古今伝授の史的研究』（臨川書店、一九八〇年）
○吉川幸次郎『本居宣長』（筑摩書房、一九七七年）

○和辻哲郎『日本精神史研究』（岩波文庫、一九九二年、初版は一九二六年）

テキスト等

○大野晋・大久保正編『本居宣長全集』全二十巻別巻三（筑摩書房、一九六八年〜九三年）
宣長の著述は原則として筑摩版全集より引用した。なお、引用に際して句読点、濁点、ルビ等は適宜おぎなった。
○久松潜一編『本居宣長集　古典日本文学全集34』（筑摩書房、一九六〇年）
○吉川幸次郎編『本居宣長集　日本の思想15』（筑摩書房、一九六九年）
○石川淳編『本居宣長　日本の名著21』（中央公論社、一九七〇年）
○杉浦明平編『新井白石・本居宣長　日本の古典21』（河出書房新社、一九七二年）
○吉川幸次郎編『本居宣長　日本思想大系40』（岩波書店、一九七八年）
○日野龍夫校注『本居宣長集』（新潮日本古典集成、一九八三年）
○野口武彦編注『宣長選集』（筑摩叢書、一九八六年）
○杉戸清彬編『玉がつま三の巻―初版本』（和泉書院、二〇〇三年）
○久松潜一監修『契沖全集』一巻（岩波書店、一九七三年）

辞書等

○『本居宣長事典』（東京堂出版、二〇〇一年）
○『21世紀の本居宣長』（朝日新聞社、二〇〇四年）
○『新版　本居宣長の不思議』（鈴屋遺蹟保存会本居宣長記念館、二〇一三年）

田中康二（たなか・こうじ）

1965年大阪市生まれ．94年神戸大学大学院文化学研究科博士課程単位取得退学．博士（文学）（神戸大学）．富士フェニックス短期大学助教授，神戸大学文学部助教授を経て，現在，神戸大学大学院人文学研究科教授．日本近世文学．

著書『村田春海の研究』（汲古書院，2000，日本古典文学会賞）
『本居宣長の思考法』（ぺりかん社，2005）
『本居宣長の大東亜戦争』（ぺりかん社，2009）
『江戸派の研究』（汲古書院，2010）
『国学史再考―のぞきからくり本居宣長』（新典社，2012）
『江戸の文学史と思想史』（共編著，ぺりかん社，2011）
『江戸文学を選び直す』（共編著，笠間書院，2014）
ほか

本居宣長《もとおりのりなが》
中公新書 *2276*

2014年7月25日発行

著　者　田中康二
発行者　大橋善光

本文印刷　三晃印刷
カバー印刷　大熊整美堂
製　本　小泉製本

発行所　中央公論新社
〒104-8320
東京都中央区京橋 2-8-7
電話　販売 03-3563-1431
　　　編集 03-3563-3668
URL http://www.chuko.co.jp/

Published by CHUOKORON-SHINSHA, INC.
Printed in Japan　ISBN978-4-12-102276-9 C1210

中公新書

哲学・思想

1 日本の名著 桑原武夫編
16 世界の名著 河野健二編
2113 近代哲学の名著 熊野純彦編
1999 現代哲学の名著 熊野純彦編
2187 物語 哲学の歴史 伊藤邦武
2036 日本哲学小史 熊野純彦編著
832 外国人による日本論の名著 佐伯彰一・芳賀徹編
1696 日本文化論の系譜 大久保喬樹
2243 武士道の名著 山本博文
312 徳川思想小史 源了圓
2097 江戸の思想史 田尻祐一郎
1989 諸子百家 湯浅邦弘
2153 論語 湯浅邦弘
36 荘子 福永光司
1695 韓非子 冨谷至
1120 中国思想を考える 金谷治
2042 菜根譚 湯浅邦弘
140 哲学入門 中村雄二郎
2220 言語学の教室 西村義樹・野矢茂樹
1862 入門！論理学 野矢茂樹
448 詭弁論理学 野崎昭弘
593 逆説論理学 野崎昭弘
2087 フランス的思考 石井洋二郎
1939 ニーチェ ツァラトゥストラの謎 村井則夫
2131 経済学の哲学 伊藤邦武
2257 ハンナ・アーレント 矢野久美子
674 時間と自己 木村敏
1829 空間の謎・時間の謎 内井惣七
814 科学的方法とは何か 浅田彰・黒田末寿・佐和隆光・長野敬・山口昌哉
1986 科学の世界と心の哲学 小林道夫
2176 動物に魂はあるのか 金森修
1333 生命知としての場の論理 清水博
2166 精神分析の名著 立木康介編著
2203 集合知とは何か 西垣通
2222 忘れられた哲学者 清水真木
2276 本居宣長 田中康二